普天之下・盡是好書

普天出版家族
Popular Press Family

凌雲
A-Plus Creative Company
文創

別讓現在的你，
對不起將來的自己

克服自己的弱點，
是邁向成功的重要關鍵
You
can also
change your future

戴爾・卡耐基曾說：「當命運交給我們一個檸檬的時候，試著去做一杯檸檬水。」
心態會影響一個人的未來，未來能不能成功、是否感到幸福，往往取決於現在面對各種環境的心態。
眼前的際遇不如已意的時候不要氣餒自卑，遭遇困難挫折的時候不要輕易放棄，要用積極樂觀地開創自己的未來，千萬別讓將來的你，埋怨現在缺乏信心、不願改變的自己！

文蔚然 編著

出版序

別讓現在的你，對不起將來的自己

經歷痛苦、遭受創傷之時，只要我們稍微轉換一下心境，轉換一下看待事物的角度，就可以輕易走出另一條亮麗的人生道路。

諾貝爾獎得主，法國文豪安德烈．紀德曾說：「在多項生命定律中，有一項是這樣的，只要某扇門一緊閉起來，立刻會有其他的門打開。但悲劇就在於我們只看到緊閉的門，而忽略了敞開的門。」

確實如此，生命中的缺陷、人生遭遇的困境，其實都有著奧妙的意義，關鍵就在於自己怎麼解讀，怎麼調適，千萬不要讓一時的不如意變成揮之不去的心靈魔咒。

把受到傷害、遭遇挫折的自己看成被蟲咬過的蘋果，儘管有點阿Q，但人生不如意的事十之八九，何不調整自己的心態，自我安慰自我激勵呢？

改變心境，就能改變自己的人生。只要願意放下負面的執念和自怨自艾的情緒，每個人都可以開創出截然不同的亮麗人生。

在抗壓力越來越低的年代，有人用「草莓族」、「豆腐族」形容遭遇失敗、挫折就一蹶不振的人，就像一碰就爛的草莓和豆腐。

面對失敗的抗壓性大小無關乎性別或年紀，甚至是能力，端看一個人願不願意在失敗後，願不願意調整心境，站起來重新出發。

失敗並不可恥，可恥的是能站起來卻不肯站起來，走不出失敗陰影的人。

保羅．高爾文是個身強力壯的愛爾蘭農家子弟，充滿進取的精神。十三歲那年，看見其他孩子在火車站的月台上賣爆米花，他被吸引了，也跟著去賣。

但是他不知道，早已佔住地盤的孩子們並不歡迎他人來競爭。為了幫他懂得這個道理，他們搶走了他的爆米花，全部倒在街上，並且打了他一頓。那是他第一次做生意的經驗。

第一次世界大戰後，高爾文從部隊回家，在威斯康辛開了一家電池公司，但無論他怎麼盡力推銷，產品依然打不出銷路。

有一天，高爾文離開廠房出去午餐，回來時大門已被上鎖，公司被查封了，他甚至無法進去取出他掛在衣架上的大衣。

一九二六年，他又跟人合夥做起收音機生意。當時，全美國估計有三千台收音機，預計兩年後將擴大一百倍。這些收音機都是用電池發動，他們想發明一種燈絲電源整流器代替電池。這個想法本來不錯，但產品還是乏人問津，生意一天天走下坡，只能停業關門。

不久之後，高爾文再度出發，透過郵購銷售辦法招攬了大批客戶。他手裡一有了錢，就創了一間公司，專門製造整流器和交流電真空管的收音機。可是不到三年，高爾文還是破產了。

那時的他幾乎陷入絕境，可是他絲毫不願意放棄掙扎，想出一個辦法，就是將收音機裝到汽車上，但是有許多技術上的困難需要克服。

到了一九三〇年底，他已經負債三百七十四萬美元。甚至連買食物、交房租的錢都沒有，全身上下只剩二十四塊錢，而且全是借來的。

然而，高爾文並沒有停止奮鬥，經過多年不懈的努力，終於成功了，不但成了腰纏萬貫的富翁，還蓋起豪華住宅，這些都是來自汽車收音機的獲利。

思想家西塞羅曾說過：「每個人都有不堪回首的過去，只有蠢蛋才會讓自己沈迷於那段過去。」

不論過去如何，現在你應該做的是選擇迎向美好的未來，而不是生氣、沮喪，任由負面情緒主宰自己。

人生中，遭遇失敗是常有的事。在「失敗」的打擊下，很容易讓人忘記其實還有「下一次」的機會。

就算碰到無數次的失敗，只要調整心態，都能從頭來過。

就像高爾文坎坷的創業過程開設公司，即使倒了一次又一次，他也選擇重新再出發，才有後來的不凡成就。

法國文豪羅曼羅蘭曾說：「累累的創傷是生命給你最好的東西，因為在每個創傷上面都標誌著前進的一步。」

諾貝爾獎得主，義大利劇作家路易吉．皮蘭德婁也說：「人生充滿了痛苦的經歷、失望的苦澀、錯誤的無知，只有經歷了這一切之後，我們才能獲得有價值的經驗。」

現實生活中，我們最難做到的，往往是如何在經歷痛苦、遭受創傷之時調適自己。一味地怨天尤人、自憐自艾，只會讓自己鑽進死胡同，有時候，只要我們稍微轉換一下心境，轉換一下看待事物的角度，就可以輕易走出另一條亮麗的人生道路。

PART—1 自由的心靈 可以排解一切困境

就算生活在這個身不由己的社會，也別放棄心靈自由的權利，讓自己完全屬於自己，別讓心靈也關進社會的大牢籠裡。

PART—2

把自己的缺點變特點

每個人都有屬於自己的「特色」，不管世俗眼光是否認同，那就是「你」，獨一無二的自己，沒有第二個人可以取代。

PART—3

面對困境更要積極冷靜

生命中的「困難」就是一種「可能」，成功者會冷靜地尋找這種可能。就算達不到目標，也能讓自己在挑戰中成長。

PART—4

化恨意為成功的動力

心中懷有怨念不一定是不好的事，不必急著將它磨滅。只要那股恨意不會傷害自己和他人，就讓恨意化為動力。

PART—5

每個缺點都有獨特的價值

花點心思，身上的缺點也能變成獨特的優點，就像藝術家們一般，創作出與眾不同、完美無缺的驚世之作。

PART—6

只要不放棄，所有的苦難都會過去

如果低頭認輸，只會讓自己永遠成為生命中的逃兵。別再害怕，別再猶豫，如果「一切都會過去」，還有什麼大不了的事情嗎？

PART—7

能夠忍耐，便沒有阻礙

一個人的忍耐功力，往往是成敗的關鍵。別低估自己所能承受的忍耐力，這是一個人生命中最有價值的資本。

PART—8

當自己命運的建築師

俄國作家奧斯特洛夫斯基曾說：「假如你有那麼一秒鐘的退縮，失去了對勝利、前進的信心，那麼勝利就會從你手中溜掉。」

PART—9

相信自己，幸運自然就會降臨

美國作家桑塔亞納曾說：「哥倫布發現了一個世界，卻沒有用航海圖，他用的是在天空中釋疑解惑的『信心』。」

PART—10

張開雙手，才能擁抱更多

人是群居的動物，張開手，我們才能擁抱更多，為彼此營造「雙贏」才能加速他達成目標的時程。

1.

自由的心靈
可以排解一切困境

就算生活在這個身不由己的社會，
也別放棄心靈自由的權利，
讓自己完全屬於自己，
別讓心靈也關進社會的大牢籠裡。

只要相信，就能改變命運

厄運是否會變成好運很難斷言，一切只能決定於你是否相信好運會到來。因此，想要改變命運，最重要的是改變自己。

有人趕著出門，走到一半想起忘了帶一份重要文件而返家，原本正在咒罵，後來竟發現瓦斯爐忘記關火，才阻止了一場火災。也有人因爲考試失利，不得已投身職場，卻意外找到適合自己的工作。

當這些不如意的情況發生時，剛開始都會懊惱萬分，怪天、怨地、氣自己。可是，之後好運降臨時，卻又大呼一口氣：「眞是幸運！」

看似厄運降臨，有時反而是延遲的喜悅，就看自己如何看待。凡事往好處想，

命運就有機會轉變。

在一次火災事故中，消防員從燒毀的大樓裡救出一對孿生兄弟，波恩和嘉林，他們是這次火災中唯一活下來的兩個人。

兄弟倆被送往當地一家大醫院，在醫生的急救下，兩人雖然死裡逃生，但大火已把他們倆燒得面目全非。

「原本是那麼帥的兩個小伙子，如今卻……」大家都不禁爲兄弟倆的不幸遭遇深深感到惋惜。

波恩從死神手中醒來後，無法接受自己變成如此人不像人鬼不像鬼的模樣，整天對著醫生唉聲嘆氣：「這個樣子以後要怎麼出去見人？根本就找不到工作，更不用說養活自己了。」波恩對生活失去信心，總是自暴自棄地說：「與其痛苦活著，還不如死了算了。」

嘉林樂觀地勸導波恩：「這次大火只有我們得救了，是如此幸運，這條撿回來生命是如此的珍貴，今後得讓自己活得更有意義才行。」

兄弟倆出院後，波恩終於受不了別人對他的指指點點，偷偷服了安眠藥離開人世。嘉林雖然難過，卻努力地生存了下來，無論遇到多大的冷嘲熱諷，都咬緊牙關熬了過來，一次次提醒自己：「我生命的價值比誰都高貴。」

有一天，嘉林像往常一樣送貨到加州。當時天空下著雨，路面很滑，嘉林車也開得特別慢。突然，嘉林發現不遠處的一座橋上站著一個年輕人，舉止非常奇怪，趕緊煞車看個究竟，就在他正要靠近時，年輕人卻轉身跳入河裡。

嘉林嚇了一跳，也跟著跳進河裡，好不容易才把年輕人拉上岸，沒想到他趁嘉林沒注意，又投進河裡。就這樣連續跳了三次，直到嘉林自己也差點被大水吞沒，年輕人才放棄這樣的舉動。

嘉林救的這位年輕人是個億萬富翁，第三次被救起時，終於想通了。他不但佩服嘉林的勇氣，而且深受感動，邀請嘉林加入自己的公司。嘉林從一個積蓄不足十萬元的司機，成爲一個擁有三點二億元資產運輸公司的負責人。

幾年後醫術發達了，嘉林便用賺來的錢修整好自己的容貌。

有一段膾炙人口的話是這麼說的：「心態就是人真正的主人，如果你不用積極的心態駕馭生命，那麼生命就會反過來駕馭你！你的心態將決定誰是騎師，誰是馬。」

一對孿生兄弟，同樣遭遇火災，幸運獲救，再一起面對毀容的傷痛，可是最後結果，卻是兩種完全不同的命運。

嘉林珍惜生命，努力求生存，幸運之神終於眷顧他，讓他有機會遇到生命的轉機，整修自己的面容。反觀波恩，卻捨棄好不容易撿回來的一條命，自己投入死神的懷抱。

相信會有好結果，就會有好結果。厄運是否會變成好運很難斷言，好運要多久之後才會來臨也沒人知道。可能幾天、幾個月，甚至好幾年。一切只能決定於你是否相信好運會到來。

因此，想要改變命運，最重要的是改變自己的心境。

充滿自信，就能改寫生命

每個人都有缺點，要做的不是對自己的缺點視而不見，而是要想辦法讓缺點找到合適的出口，讓它們變身成對自己有利的優勢。

美國西部歌手金·奥特雷剛出道的時候，一直想改掉德州的鄉音，故意穿得像都會紳士，唱流行歌曲，結果卻遭到觀衆的嘲笑。

經過這次挫折，他徹底改變，開始用德州腔唱自己最拿手的西部歌曲，終於開創輝煌的演藝生涯，成爲世界知名的西部歌星。

這則軼事說明了，每個人都有有別於他人的特色，當我們看重這個特色，特色就成了優點；當我們厭惡這個特色，特色就變成了缺點。

一個人如果討厭自己，就會讓自己變得討人厭；一個人如果不覺得自己值得愛，就很難會有人愛。

莎士比亞曾經在著作中說過一段饒富深意的話：「假使我們將自己比做泥土，那就真要成為別人踐踏的東西。」

確實，人生最重要的一件事就是肯定自己、賞識自己，因爲，你認爲自己是什麼，最後你便會成爲什麼。感到自卑的時候，只要懂得轉換心情，就會讓自己充滿信心，許多看似困難重重的事情，也會因爲你的轉變而心想事成。

凱絲．戴利從小就很自卑，她有一張寬大的嘴和微暴的牙齒，始終讓她耿耿於懷，抬不起頭來見人。

其實，在凱絲的心裡一直有個夢想，希望有一天能成爲一個出名的歌手。但是她不只沒有勇氣把這個夢想對別人提起，連自己也沒有信心能夠完成。畢竟，她只敢在沒有人的時候開口唱歌，根本不敢在大庭廣眾下演唱。

凱絲的沮喪不是沒有原由的，在每個人都得表演節目的高中畢業派對上，她曾鼓起勇氣地選擇唱歌這個項目，但結果相當悲慘，讓她從此信心全失。

那一天，她穿著母親給她的白色小禮服，撐著顫抖的雙腳走上舞台，音樂一響起就跟著開始演唱。可是，她實在太在意她的暴牙會被人看見，於是想盡辦法噘著嘴唱，結果，整首歌有好幾句都跟不上節拍，變得零零落落，音樂和她的歌聲各行其道，越緊張越忘詞的她最後完全唱不下去，只能紅著臉枯站在台上，承受眾人的哄堂大笑。

當時，她真恨不得能挖個地洞鑽進去，只能帶著沮喪和難堪逃下台。

後來，音樂老師史密斯夫人把她找了來，誠懇地對她說：「凱絲，其實妳的嗓子很好，應該可以唱得更好的，可是妳唱歌的時候總像是在掩飾著什麼，感覺扭扭捏捏，很放不開的樣子。」

凱絲猶豫了好一陣子，才羞紅了臉，把自己對於牙齒的想法向史密斯夫人說了出來。

史密斯夫人聽了，對她說：「這有什麼關係呢？暴牙並不是什麼罪過，它也是妳身體的一部分，爲什麼要拚命掩飾？如果連妳自己都不喜歡自己，別人又如何喜歡妳？如果妳敢大聲開口唱歌，妳的歌聲一定會受許多人喜歡的，說不定妳這口牙齒還能給妳帶來好運氣！」

凱絲想了幾天，終於決定接受音樂老師的建議，先不去想自己的牙齒，只專注於唱歌這件事，漸漸地，她能眞正盡情開懷歌唱。

凱絲的不斷努力，讓她得以開始歌唱事業，並且成爲一位頂尖的歌手，她的大嘴和暴牙則成了她的個人特色，還有不少人想模仿她呢。

人必須對自己充滿信心，英國十九世紀知名的評論家湯瑪斯．卡萊爾曾經十分嚴厲地批判說：「相信自己正確的人，會強過國王的萬軍；懷疑自己的正確性之人，連一點力氣也沒有。」

我們爲什麼要成爲一個扯自己後腿的人？批評我們的人已經夠多了，爲什麼還不肯給自己一點鼓勵、一點機會?

故事中的凱絲如果不是自己想通，必然沒有機會成爲夢想中的歌手，也沒有機會讓她富有特色的歌喉成功展現在大衆面前，因爲她連開口唱歌都不敢，別人又怎麼可能聽得到?

每個人都有缺點，要做的不是對自己的缺點視而不見，也不是任由缺點打擊我們的未來，而是要想辦法讓我們的缺點找到合適的出口，讓它們變身成對自己有利的優勢。

有自信就能創造奇蹟，爲什麼?答案很簡單，正是歌德所說：「有自信，別人也就相信你。」

想要得到成功，就必須相信自己絕對能夠成功。

發展特質，別被社會框架限制住

若是一個人的特質沒有環境可以成長、發揮，就像把腳塞進不合尺寸的鞋子裡，即使能走路，卻沒辦法跑步。

有一個唸理工科的大男孩，對課本上的知識一點興趣也沒有，平常只愛拿著針線東縫西縫。

他永遠搞不懂那些公式，卻可以設計出一套套漂亮的洋娃娃服飾。

有一年，他將自己的作品拿去展覽，正巧被世界知名的芭比娃娃公司負責人看見，非常欣賞他的才華。在他畢業之前，就被高薪聘請到美國芭比娃娃公司服飾設計部門工作。

每個人都有最適合自己做的事，自然地朝那個方向前進吧！每個人在世界上最大的成就，就是好好「做自己」，對什麼感興趣，就去做什麼。

有一個孩子在學校的功課非常差，所有老師都認爲他的智力有問題。這孩子平日沉默寡言，常常一個人長時間坐在屋前的花園裡看著花草和小蟲。他的父親不時教訓他：「除了打獵、養狗、捉老鼠以外，你什麼都不會。將來你將一事無成，也會成爲整個家族的恥辱。」

他的姊姊也看不起這個課業成績不好、行爲怪異的弟弟。在整個家庭中，他是一個不受歡迎的人。

但是，他的母親愛他，心裡總是想著，如果孩子沒有那些樂趣，不知道他的生活還會有什麼色彩。

她常對丈夫說：「你不該用這種態度對他，應該讓他慢慢學會改變。」丈夫卻說：「妳這根本不是教育，會毀了他的一生。」但母親的想法並未動搖，她覺

得孩子需要她的安慰和鼓勵。

她支持孩子到花園去，並讓姊姊也跟去。母親對孩子們說：「讓我們來場比賽，看看誰能先從花瓣上認出這是什麼花來！」

那孩子果然比姊姊答得快，這對他來說，是多麼令人興奮的一件事。他開始整天研究花園的植物、昆蟲，甚至觀察到蝴蝶翅膀上的斑點數量。

這位醉心於花草之中的孩子，多年後成爲世界知名的生物學家，創立了著名的「進化論」，他就是達爾文。

有人說，人生就是不斷選擇的歷程，抉擇決定了每個人的人生。

如果抉擇是無可避免的，那麼走在人生的十字路口，最應該做的一件事，無疑是平心靜氣地思索自己究竟對什麼最感興趣，又擁有什麼特質，如此才能從迷惑中找到全新的出路。

很多人在成長的過程中，往往因爲父母的期許、社會的價值觀，被硬性套上某種「公式」，讓自己踏上某位成功者的後路。這樣的結果，或許會造出「翻版」人物，卻可能失去偉大人物。

若是一個人的特質沒有環境可以成長、發揮，就像把腳塞進不合尺寸的鞋子裡，即使能走路，卻沒辦法跑步。

孩子並不是父母願望的實現者，也不是他人的改良版。只要讓他「當自己」，才能真正發揮他的本質。

同樣的，我們也不該把自己套入社會的「公式」裡，別忽視自己感興趣的事，說不定能從中發現自己的另一項才能。

自己決定的生活，就是好的生活

如果我們不能適時把積極的靈魂展現出來，便不會知道真正適合我們的是什麼，心中真正想要的又是什麼。

大多數人孜孜不倦地努力工作，是想從中得到讓自己幸福、滿足的感覺，可是，當我們有了穩定的工作與平穩的生活之後，往往驚訝地發現自己過得不快樂，心中充滿著改變現狀的渴望。

爲什麼會這樣呢？這樣不快樂的生活眞的不能更改嗎？

事實上，你的人生軌跡並非得如此朝陰霾的方向發展，只要換個心情思考自己要的到底是什麼，你一定可以幫自己下定決心。

文學家拉爾夫．愛默生認爲：「世界上唯一有價值的東西是積極的靈魂，每個人都享有擁有這靈魂的權利，每個人都將這靈魂隱藏在自身之中。」

如果我們不能適時把積極的靈魂展現出來，便不會知道眞正適合我們的是什麼，心中眞正想要的又是什麼。

雷諾茲本來在美國杜爾沙市的一家大石油公司擔任財務助理，工作遠景可期，既穩定又有高額的收入。他有一個家庭，賢慧的太太、三個活潑的小孩，閒暇時，他還喜歡畫畫。他的畫頗有水準，不只裝飾在辦公室的牆上，甚至有人願意花錢來買。

由此看來，雷諾茲的生活可說是人人稱羨了。可是，雷諾茲卻始終覺得自己的生活有一點小缺憾，因爲他想要有更多的時間作畫。

目前的工作環境雖然很優渥，自己在公事上也處理得得心應手，但是如果能夠有更多的時間拿著畫筆在畫布上盡情揮灑，雷諾茲才能眞正感到心滿意足。

在雷諾茲的心裡有個想法，他希望能夠搬到新墨西哥州的陶歐斯城去，專心當一個全職畫家，在那個藝術家的天堂裡，徹底享受藝術的浸潤。但是，這個決定非常冒險，意味著他必須放棄現有穩定的生活，移居到新的市鎮，也意味著他的家人將因此受到影響。

他找機會試探性地對妻子提起這個決定，想聽聽妻子的看法與意見，想不到，她聽了，立刻歡欣鼓舞地說：「太好了，如果我們賣掉這裡和家具，就可以在陶歐斯開一家畫具店，還可以兼賣畫框。平時我來看顧店面，這樣你就能夠盡情作畫了。我相信只要我們全家同心，一定可以成功。」

在妻子的鼓勵下，雷諾茲眞的辭去了工作，舉家搬遷到陶歐斯。剛開始，日子確實難過了一點，但是雷諾茲的家人並不因此而潑雷諾茲冷水，反而盡力去分擔種種的事務，讓他可以無後顧之憂。

雷諾茲深深爲家人的付出而感動，激勵自己一定要在畫壇闖出名聲，在日以繼夜的努力之下，終於成爲美國西南部最成功的畫家之一。

現在，他是陶歐斯城畫家協會的會長，他的畫作曾在美國各地風光展覽過，在陶歐斯最熱鬧的市街上，擁有一家畫廊和畫室。

雷諾茲的抉擇，在別人看來頗有風險，但在家人的全力支持下，這個抉擇變成了通往成功之路的關鍵決定。

有一句頗有意思的話是這麼說的：「人字有兩撇，人的一生要向左走還是向右走，得靠自己來決定。」

有的時候，我們雖然過著旁人稱羨的生活，但自己心裡卻有著一種小小的遺憾。那種遺憾無以名狀，好像少了一點什麼，又好像多了一點什麼，總之就不是剛剛好的狀態。

因此，我們雖然生活如常，但卻漸漸失去衝勁與活力。

學學雷諾茲吧，找出自己真正想要做的事情，找出自己心中真正的夢想，然後大膽去實行。或許旁人會嘲笑你，嫌你愚蠢，但是，你至少曾經努力尋夢築夢；你可能有美夢成真的一天，也可能體會幻滅的時刻，但無論如何，你都曾經爲自

己努力過，經驗和感受將使你感到由衷的驕傲。

作家塞爾曾經說過：「除非經過你本人同意，否則沒有人可以替你決定你自己要過的人生。」

每個人的人生，都應該儘量由自己決定，當然，決定之後，所有的後果也應該由自己一肩承擔。

做決定的時候，一定要保持心情穩定，如此一來，透過自己的種種決定和經歷，我們更能看清：自己決定要過的生活，就是最棒的生活。

自由的心靈可以排解一切困境

就算生活在這個身不由己的社會，也別放棄心靈自由的權利，讓自己完全屬於自己，別讓心靈也關進社會的大牢籠裡。

回憶自己過去一個禮拜做了什麼？起床、上下班、看電視，休息……看似固定、規律的生活，你覺得自己在什麼時候最幸福？

如果回答不出來，可能就要小心，必須好好審視自己的生活了。

因爲工作忙碌沒有自己空間，或者不懂得規劃時間，讓自己的日子一成不變的人，都是失去生活的人。

仔細想想，除了溫飽之外，你可曾爲自己做了什麼？

索爾．貝洛十二歲時住在南卡羅來納州，常常抓一些野生動物放到籠子裡飼養。直到某件事發生後，徹底改變他的想法。

他家在樹林附近，每當黃昏日落之時，就有一群美洲畫眉鳥來到林間歇息和歌唱。那歌聲美妙絕倫，沒有一件人間樂器能奏出那麼優美的曲調來。沉醉於歌聲中的索爾心裡暗暗做了個決定，他一定要捕獲到一隻小畫眉，放到籠子裡，讓牠爲自己歌唱。

有一天，他終於抓到了。一開始小畫眉先是拼命拍打翅膀，在籠中飛來撲去，十分恐懼。過了好一陣子，牠才慢慢安靜下來，承認了這個新家。索爾站在籠子前，聆聽這個小音樂家美妙的歌唱，感到非常滿足。

第二天，他把鳥籠放到自家後院。突然，小畫眉的媽媽出現了，在籠子附近繞了幾圈，又離開，過沒多久，母鳥口含著食物飛到籠子前面，慈愛地讓小畫眉把食物一口一口地吞嚥下去。索爾認爲畫眉媽媽這樣做，比自己餵小畫眉好得多，這是件皆大歡喜的好事。

第二天早晨，索爾去探看他的小畫眉在做什麼，卻發現牠無聲無息地躺在籠子底層，已經氣絕多時。他對此迷惑不解，不知發生了什麼事。他想，他的小鳥不是已經得到精心照料了嗎？

那時，正逢著名的鳥類學家阿瑟．威利來看望索爾的父親，索爾就把小畫眉的事告訴了他。阿瑟．威利聽了之後，解釋道：「當一隻雌美洲畫眉發現牠的孩子被關進籠子，必定會餵小畫眉足以致死的種子。牠似乎堅信，孩子死了總比活著做囚徒要好些。」

從此以後，索爾再也不捕捉任何動物關進籠子裡，開始懂得任何動物都有追求自由生活的權利。

每個生命都有追求自由的權利，連母鳥都懂得自由的可貴，那麼人呢？

就算生活在這個身不由己的社會，也別放棄心靈自由的權利。

你可以在責任之外，理直氣壯地要求自己的空間和時間，拒絕那些不必要的困擾，讓自己完全屬於自己，決定自己想做什麼、該做什麼、要做什麼。別讓心靈也關進社會的大牢籠裡。

如果人不能爲自己做點喜歡的事，讓人生多點色彩，雖擁有人身自由，卻失去心靈自由，跟被關在籠裡的動物又有何差別呢？

曾經看過一部電影，描述監獄裡的囚犯爲了感覺那短短幾分鐘的自由，願意付出極大的代價，即使那時他們仍然關在牢裡，心靈卻是被釋放的。

爲了自己，趕快找回屬於自己的心靈自由吧！只要心是自由的，遇到一切困境都能微笑以待。

用自信激發全新的自己

一旦能夠將那種不如人的感覺加以排除，就能夠放手去發揮本有的技巧或學識，為自己爭取更多的優勢。

在這個不景氣、隨時都有失業危機的時代，很多人的情緒就像是浮動油價起伏不定，而且容易被消極思想誤導，動不動就陷入悲觀之中。

其實，人生最重要的課題，就在於身處困境，感到徬徨迷惑之時，能否克服自卑情緒，讓自己的心情保持平穩，充滿信心地走出逆境。

美國勵志作家馬克斯威爾．馬爾茲曾說：「使我們產生自卑情緒並影響生活的，並不是在技巧或學識上不如人的認識，而是有不如人的感覺。」

一旦能夠將那種不如人的感覺加以排除，就能夠放手去發揮本有的技巧或學識，爲自己爭取更多的優勢。

海曼自從丟了工作以後，活得非常落魄。

一個鐘頭以前，他從銀行裡把存款全領出來，共是一百六十七美元三十美分，這已是他所有的全部財產了。要是把這筆錢花光以前還沒能找到工作，就得喝西北風了。

想到這裡，他不禁覺得頭痛，低著頭苦思接下來該怎麼辦。他也知道得盡快找到一份餬口的工作，但是現在時機那麼壞，上哪找好工作去呢？上個星期，他向朋友請託安插個職位，結果對方很快地就拒絕了，讓他在心裡感慨不已。當眞是人一倒楣，連狗都懶得理會。

沮喪的海曼，低著頭走著走著，突然看見路旁有個錢包。他左顧右盼了一下，整條路前前後後只有他一個人，撿起錢包一看，裡頭裝滿了面額一百元和兩百元的鈔票，數一數竟有一萬美元！

錢包裡除了錢空無一物，沒有任何失主的線索。腦海裡的第一個念頭是趕快把錢送到警察局，但是轉念一想，要是這筆錢能歸自己所有，那麼他就可以經營一點小生意，衣食無缺了。

於是，他開始說服自己：什麼樣的人會把這麼大一筆錢丟在路旁？連這麼大筆錢都不知道要好好保管，這樣的人活該丟了這筆錢，好好得個教訓！

就這樣，海曼將錢包放進自己的口袋裡，然後頭也不回地走了。

海曼決定要好好地來用這筆錢。他首先走進服裝店裡，換了一身氣派的行頭，花費了一百三十八美元，接下來他想好好填飽空了許久的胃。

錢包裡的一萬美元加上他原本領出的錢，讓他走起路來顯得虎虎生風、信心滿滿。他走進以前當銷售主任時常去的一家餐廳，一進門就看見之前狠心拒絕幫助他的朋友。

海曼故作姿態地走向對方的桌前，禮貌地打了聲招呼，然後挑了個靠窗的座位點上一整桌好菜。

午餐才剛上不久，那位朋友就忍不住好奇地走了過來，神情熱切地和海曼攀談：「海曼，看來你最近混得不錯嘛！」

海曼大方地請朋友喝一杯酒，態度不冷不熱地說：「還過得去，在外地忙和了一陣，累了，想休息一陣，就想回來這裡看看。一面放個假，一面看看有沒有什麼生意可做。」

他的態度，看起來就像一位精明幹練的生意人。

朋友討好地問：「對了，你之前不是託我找過工作嗎？不瞞你說，最近我公司需要一位經驗豐富的業務人才來當銷售經理，怎麼樣？你有沒有興趣？」

海曼故意不置可否，以退爲進。

半個小時之後，他的口袋裡多了一份聘僱合約，週薪八百五十美元，從明天就正式上班。但是，海曼還是不動聲色地把午餐吃完，花了三十美元買單，找零全部都算小費。

而後，他以最快的速度來到警察局，將口袋裡的錢包和一萬美元交給負責失物招領的警察。

海曼的行動獲得了相當大的好評，因爲這麼大一筆數字的現金，能夠「拾金不昧」，確實令人佩服。

沒過多久，另一名警員走了過來，聽到海曼的義行，忍不住開口說：「還好你沒花這筆錢，因爲這筆錢是要用來付贖金的，裡面每一張錢都做了記號，只要你一用，就會立刻被逮捕。不過，現在不用擔心了，由於你的善行，已經爲你排除了共謀的嫌疑。」

有一句俗話說：「有錢不一定行，但沒有錢是萬萬不行。」看來海曼已經深悉其中的道理。他憑著口袋裡的萬元鈔票，幫自己建立了足夠的信心，即使他花光了所有的金錢，卻也爲他保障了穩定的未來。

有時候，人缺少的就是那一點信心，只要有了信心當作墊腳石，人看得見的遠景也更多更美好了。

人生總是充滿了高潮與低潮，要如何克服這些人生低潮，無疑是活在M型社會的現代人必修的課程。

遇到困境，千萬不要心灰意冷，首先應該要求自己保持平常心，拿出紙筆，從各個層面分析困境形成的原因，然後寫下可能的解決方法，如此才能幫自己重建信心，引導自己走向快樂而寬闊的人生。

一個人的成就永遠跟他身處逆境時，所展現的自信成正比。

無論置身什麼環境，遭遇什麼困境，只要願意試著調整自己面對的心情，這些眼前的瓶頸都會成爲通往成功、幸福的途徑。

做好口碑，爲自己創造機會

這是一個「做口碑」的時代，沒有人能夠容忍馬虎輕率，也不會有人給你太多次機會。一次不成、不好，就可能沒有下一次了。

工作沒有貴賤，差別在於人本身看待工作的態度。再微不足道、再低下的工作，都必須用敬業的態度去做。

每一份工作完成後，都有人在看，都有人在檢核，都有人知道你是不是踏踏實實地把任務完成。只有做好「口碑」，你才能不斷創造機會。

演員艾丹・奎因參與過二十多部電影的演出，其中包括〈心靈的樂聲〉、〈邁

克爾·柯林斯〉等片。

然而，奎因並不是一飛登天地獲得成功，事實上，他從很小的時候就已經在幫忙家計了。

十一歲時，他開始接替哥哥原本的工作，早起幫忙送報紙。

這份工作看來簡單，其實做起來並不輕鬆。每天天未亮就得起床，騎著自行車到報社拿報，而後依著自己負責的路線，沿路送報到每一戶訂報的人家。準時是非常重要的，奎因深深明瞭這一點，報紙的訂戶會希望在清晨六點時，報紙就好好地躺在家門口。

奎因發現，如果他晚到了，他們就會站在門口等，臉上露出不耐煩的神情；相對的，如果他工作做得好，就可以得到一筆可觀的小費。

這段工作經歷，讓他養成了一個習慣，就是無論做什麼樣的工作，都會全心全力地投入其中，盡可能地達到每一項工作要求。不管是在食品工廠幫忙包裝，還是幫忙刷油漆，抑或是在屋頂上塗防水用的瀝青，他都一樣認眞盡力地去做。他深切地相信，只要努力工作，盡力讓自己表現出職業水準，就能從那份工作裡獲得更多。

後來，他更將這份認知，應用在他的演藝工作之中。

他的工作是扮演各種角色，而他的目標則是演什麼一定要像什麼，只要做得到、做得好，就能因此再得到更多更好的角色演出機會。假使有一個場景需要他跳水，在導演要求之前，他一定會練習跳好幾次，直到自己能夠確定演好爲止。如果導演覺得表現得不夠好，他也會一再配合、一再修正自己的演出，只到導演喊「OK」。

奎因的敬業精神是有目共睹的，他曾和劇組一起到巴西的叢林裡拍電影，一路上他都和其他的演員一起幫忙工作人員搬運沉重的拍攝器材上山，穿過崎嶇的山區，沒有一句怨言。

在奎因的信念裡，演戲和其他的工作並沒有什麼不同，當一個好的送報童需要做到認眞、守時、盡心盡力等要求，這些訣竅對拍電影來說一樣有用。

這是一個「做口碑」的時代，沒有人能夠容忍馬虎輕率，也不會有人給你太多次機會。一次不成、不好，就可能沒有下一次了。

即使是一張蔥油餅、一盤紅豆冰、一碗蚵仔麵線，甚或是一支手機、一台電視、一本書，只要給人的觀感不好，覺得草率輕忽，日後勢必不會再來光顧。

不只是如此，產品的每一個環節，工作的每一道關卡，之後都會有人接手，都會有人知道你是不是確實完成應做到的部分。簡單地說，只要有一個人態度隨便，就是給所有的人惹麻煩。

奎因之所以受人敬重，正是在於他敬業的態度。這樣的態度，意謂著他將工作視爲很重要的一部分，他對他的使命極度重視。這樣的人必定會把交付的任務順利完成，而且做得完美。

這就是專業，這就是敬業，這就是盡責。這樣的人在告訴別人，他值得被信任，任務交給他就沒問題。一個人竭盡全力地完成自己的工作，就等於是爲自己的下一步鋪路。

充滿信念，就能渡過難關

每個人都難免遭遇困頓的環境，也許我們無法改變環境，但至少改變自己的心情。只要心中仍有信念，人生總有可祈求的希望存在。

文學家托馬斯·曼曾經這麼說：「人生中最美好的東西應該是希望，而不是現實。儘管希望是那麼虛幻，至少它能領導我們從一條愉快的道路上走完人生的旅途。」

信念能夠帶來力量，從古至今已有無數實例佐證。當人的心得到了溫暖的慰藉，人的身體與精神，將能因此生出力量。

在二次大戰時，有一個位在蘇門答臘東海岸的日軍集中營，裡頭塞滿了被擄來的戰俘。集中營裡的戰俘，有些被關了幾個月，有些則幾乎算不清已經被關了多久。糟糕的環境以及差勁的飲食，使得疾病與虛弱徹底地襲擊了他們的身體，對於生命的絕望，更嚴重折磨著他們的精神。

隨著戰事延長，日軍停止提供戰俘飲食，日復一日地挨餓，使得每一個戰俘都面臨了生存危機。他們變得什麼都吃，如果有人幸運抓到蛇或老鼠，就算是豐盛得不得了的大餐了，大部分的時候他們都得忍受饑餓，哪怕是草根木屑，也得逼自己吞下去。

有個戰俘身上藏了一根蠟燭，每當餓得受不了的時候，就咬下一小口。吃蠟燭在平時聽起來匪夷所思，但是在這種時候，有蠟燭可吃就該偷笑了。

他答應同樣是戰俘的朋友安德魯，保證會留下一小截給他。儘管兩人友情深厚，但安德魯還是免不了會擔心，到最後他說不定會一個人吃下整根蠟燭，一丁點也不分給別人。然而，就算他眞的這麼做，安德魯也不能說什麼，畢竟人不爲己，天誅地滅嘛。

情況越來越困難，可以吃的東西越來越少。那一日，那名戰俘在牆上畫下一道痕跡，然後感歎地說：「今天是耶誕節，希望明年耶誕節我們能夠回到家過節。」他的話引起了不少人的嗤笑，也引起許多人的嘆息。沒有人知道希望在哪裡，沒有人知道明天會如何，他們甚至不曉得自己能不能撐過今天。

他取出了一直藏在懷裡的蠟燭，仔細地端詳著。安德魯一直看著他的動作，心想，他大概打算把那截蠟燭吃了吧，只希望他還能記得之前的諾言，能把答應給的那一小截給自己。

但是，那名戰俘並沒有將蠟燭送進嘴裡，反而站起身來，走近守衛，請求守衛爲他將蠟燭點燃。

他將點燃的蠟燭放在牢房中央的地板上，然後輕輕地哼起耶誕歌。

安德魯哽咽到說不出話來，回想起上一次看到耶誕燭光的時刻，距離現在是如此地遙遠，心忍不住劇烈地跳動起來。安德魯來到朋友的身旁，以沙啞的聲音輕輕地跟著哼唱。漸漸地，其他的人也圍靠了過來，儘管行動因爲身體虛弱而變得緩慢，但是每個人的神情彷彿都像是重新活了過來一樣。

那一點小小的火光，慰藉了他們疲憊的身軀、苦痛的精神，爲他們重新帶來了新的希望，得以在心底告訴自己，堅持下去，一定還能重見光明。

丹麥的諾貝爾文學獎得主西格里德．溫賽特說過一句話：「信仰堅定的人一刻也不會迷失方向，他的靈魂將衝破煉獄的烈焰，直奔天堂極樂。」地獄是如此可怕，沒有人喜歡自己身處在地獄裡，然而，已然處於地獄之中的人，該怎麼辦呢？

當人類開始分隔派系、相互爭鬥的時候，地獄就一點一滴地被建造出來了。身在相互攻訐、不是你死就是我亡的境地中，高貴的情操與心中的善念都慢慢淡薄。甚至，忘記我們還是人，只想分出高下，只想將對方趕盡殺絕。

但是，只要有一枚良善的火種被適時地點燃，就能夠喚醒我們殺紅眼之前的殘餘理智。

故事中，安德魯的朋友如果將蠟燭一口吞下，抑或是違背諾言，完全不分給安德魯，恐怕也不會引來什麼樣的批判，畢竟爲求生存不擇手段，也是人性的本能之一。可是，他沒有這麼做，而是決心燃燒了那根蠟燭。

功利主義的人或許會認爲他很蠢，因爲點燃蠟燭除了得到一陣火光，什麼也沒有，蠟炬成灰之後還是得餓肚子。然而，燭光卻讓人得到了溫暖以及對未來的希望。不論明天環境還會變得多險峻，撐得下去的人就不會放棄。

每個人都難免遭遇困頓的環境，也許我們無法改變環境，但至少改變自己的心情。當你的生活陷落，儘管身心飽受折磨，只要心中仍有信念，仍存信心，人生總有可祈求的希望存在。

把握時間，就不會一再拖延

寫下「該做的事」，是給自己的提醒和警惕，告訴自己何時該完成什麼事。這樣不但可以妥善安排時間，還能提升工作效率。

同樣的時間裡，有人能同時完成多件事情，有人卻毫無收穫，可是他們看起來同樣的忙碌。

再觀察一下這兩種人到底在這段時間裡做了些什麼，就可以清楚地了解到，爲何有些人就是優於他人。

其中的差別就取決於對時間的規劃，以及對自己的約束力。

瑪麗．凱．艾絲創辦瑪麗．凱化妝品公司初期，聽過遇一則有關查爾斯．施瓦布（美國一家數一數二的鋼鐵公司總裁）的故事，對她造成很大影響。

故事始於一次總裁與顧問的交談：

一名企業管理顧問李對施瓦布說：「我可以提高你的員工工作效率。」

施瓦布問：「費用要多少？」

李說：「如果無效的話，免費。但如果有效，希望你能把公司因此省下費用的百分之一給我。」

施瓦布同意他的條件，接著問李該怎麼做。

「我需要與每一位高級主管面對面談十分鐘。」施瓦布答應了。

李開始與所有高級主管會面，告訴每一位主管：「在每天下班離開辦公室前，請寫下六件你今天尚未完成，但明天一早得做的事。」

主管們都答應這個要求。當他們開始實行這個計劃後，發現自己比以前更專

心了，因爲有了這張表，他們會努力完成表上的事情。不久之後，公司的生產力有了顯著的改善。

因爲效果驚人，幾個月後施瓦布就開了一張三萬五千美元的支票給李。

瑪麗．凱說：「當我聽到這個故事後，心想，如果這個方法對施瓦布而言值三萬五千美元，對我也會有同樣的價值。」

因此，她開始執行這個方法，在每天下班前寫下六件明天要做的重要事情，也鼓勵業務員這麼做。

後來的瑪麗．凱化妝品公司擁有二十多萬業務員，印製上百萬份粉紅色小便條本，每一張便條紙上寫的都是：「我明天必須做的六件重要事項。」

常以沒時間爲藉口的人，即使有時間也不會把握。

對忙碌的現代人來說，更有效率地利用時間，是最基本的原則。可是，人都有惰性，總會替自己找一堆理由拖延，使得自己總感覺處於忙碌的狀態之中，卻沒有發揮應有的成果。

很多時候，事情沒有完成並非能力不足或是時間不夠，只是不夠認眞，甚至以敷衍的態度做事。

這樣的執行度和完成度，自然不高，也不會有好成效。

寫下「該做的事」，是給自己的一種提醒和警惕，告訴自己何時該完成什麼事。這樣的方式不但可以妥善安排時間，還能提升工作效率，並讓自己有多餘的休閒時間。

2. 把自己的缺點變特點

每個人都有屬於自己的「特色」，
不管世俗眼光是否認同，
那就是「你」，獨一無二的自己，
沒有第二個人可以取代。

把自己的缺點變特點

每個人都有屬於自己的「特色」，不管世俗眼光是否認同，那就是「你」，獨一無二的自己，沒有第二個人可以取代。

前一陣子，有戶人家的母雞孵出長著三隻腳的小雞，牠多出一隻腳的特別長相，成爲家裡的珍愛寵物。

兒童文學經典之作《夏綠蒂的網》，主角小豬韋白，也因爲蜘蛛夏綠蒂的幫忙，讓人誤以爲牠是一隻「非凡」的豬，逃過被屠宰的命運。

歌手蔡琴最讓人印象深刻的，是臉上那顆黑痣。

這些例子都說明，看似缺陷的部分，很可能成爲一個人的特色。

二十世紀的八〇年代，有位名叫安德森的模特公司經紀人，看中一位身穿廉價服飾，不拘小節、不施脂粉的女孩。這個女孩來自美國伊利諾州一個藍領家庭，唇邊長了一顆讓人怵目驚心的大黑痣。她從來沒看過時裝雜誌，沒化過妝，與她談論時尚等話題，根本一問三不知。

每年夏天，她隨著朋友一起在德卡柏的玉米地裡剝玉米穗，賺取來年的學費。這樣一個平凡的女孩，卻深深吸引安德森，他要將這位帶著田野玉米氣息的女孩介紹給經紀公司，結果遭到一次次的拒絕。

有的人說她粗野，有的說她惡煞，什麼理由都有，追根究底就是女孩唇邊那顆大黑痣搞的鬼。可是，安德森卻下了決心，要把女孩及黑痣一起推銷出去。他爲女孩做了一張合成照片，小心翼翼地把大黑痣隱藏在陰影裡，然後拿著這張照片給客戶看，客戶果然滿意，馬上要見本人。

本人一來，客戶發現那顆痣，當場指著女孩的黑痣說：「妳必須把這顆痣弄掉，否則一切免談。」

當時鐳射除痣很簡單，無痛且省時，但女孩毫不妥協：「我就是不拿！」

安德森有種奇怪的預感，他堅信不移地對女生說：「妳千萬不要摘下這顆痣，將來妳出名了，全世界就靠著這顆痣認識妳。」

幾年後，這女孩果然紅極一時，日入三萬美金，成爲天后級人物，她就是名模辛蒂．克勞馥。她嘴唇邊的大黑痣在今天被視爲性感的象徵，嫵媚中帶有一絲桀驁不馴的味道。

在辛蒂成名的路上艱辛不斷，幸好遇上「保痣人士」安德森，才有現在的她。如果她摘了那顆痣，就只是一個普通的美人，頂多拍幾次廉價的廣告，就淹沒在繁花似錦的美女堆裡。

辛蒂．克勞馥的芳唇曾經被人叫過驢嘴，影星舒琪幼年時也曾因別人嘲笑她豐厚的嘴唇而自卑。如今，這些當年的「遺憾」，都成爲她們後來的招牌，以及

性感的象徵。

每個人都有屬於自己的「特色」，可能是小眼睛、暴牙、結巴、禿頭……等等。但是，不管世俗眼光是否認同，都要冷靜地面對，因爲那就是「你」，獨一無二的自己，沒有第二個人可以取代。

有些人會因爲這些「特色」失去信心，甚至去美容整形。若大家都如此，這個世界上便只剩下長相「平凡」的「俊男美女」了，只有那些「原裝」的男孩女孩，才有機會展現自己的「個性美」與「自然美」。

你唯一應該做的是，把自己的缺點變特點，保有並接受自己的「特色」，你才會與眾不同。

立即行動，才能解決困境

只要開始，任何事都不會太難，人類在碰到逆境時，往往能刺激潛能，發揮意想不到的能力。

大學時代，一位教導劇本的老師派了一項作業：寫出兩百場的劇本來。當時，每個人都愣住了，認爲這是一項不可能的艱鉅任務，尤其對非本科系的學生來說，更是困難重重。

結果學期結束後，全班都如期完成這項作業。

「Just Do It！」做就是了。不要猶豫不決，別讓那些負面思考加深恐懼，只要往前走，你將發現光明就在不遠處。

西華．萊德先生是著名的作家兼戰地記者，曾在一九五七年四月號的《讀者文摘》上撰文表示，他收到過最好的忠告是「繼續走完下一哩路」。以下是從文章中擷取出的幾個小段落：

「第二次世界大戰期間，我跟幾個人不得不從一架破損的，即將摔毀的運輸機上跳傘逃生，迫降在緬印交界處的樹林裡。當時唯一能做的，就是拖著沉重的步伐往印度走。全程長達一百四十英哩，必須在酷熱的八月和暴雨的侵襲下翻山越嶺，長途跋涉。」

「才走了一個小時，我一隻長統靴的鞋釘突出鞋底，扎傷了腳。到了傍晚，雙腳都流出血，傷口範圍像硬幣般大小。我能一瘸一拐地走完一百四十英哩嗎？別人的情況也和我差不多，有的甚至更糟糕，他們能不能走到呢？我們都以爲自己完蛋了，但是又不能不走。爲了在夜晚降臨前找個休息的地方，我們別無選擇，只好硬著頭皮走完接下來的一英哩路。就這樣一英哩接著一英哩，我們終於走到目的地。」

「當我推掉其他工作，開始寫一本二十五萬字的書時，心一直定不下來。好幾次，我差點就放棄一直引以爲榮的教授尊嚴，想大聲地說：『我不想寫了！』可是，我沒有這樣做。最後，我強迫自己只去想下一個段落該怎麼寫，而非下一頁，當然更不是下一章。整整六個月的時間，除了一段一段不停地寫以外，什麼事情也沒做，結果居然寫完了。」

「幾年以前，我接了一件每天寫一個廣播劇本的差事，到目前爲止一共寫了二千個。如果當時簽了一張『寫作二千個劇本』的合約，一定會被這個龐大的數目嚇倒，甚至把它推掉。好在，一次只寫一個劇本，接著又寫一個，就這樣日積月累，眞的寫出這麼多部了。」

不要害怕眼前或想像中的困境，成果是一步步累積出來的，只要能跨出第一步，不停地往前走，就能達到目的地。冷靜地想想，有時候看起來像「障礙」的

東西，其實不存在，都是自己給自己的限制，只要用冷靜的心情面對困境，能跨越它，就能繼續往前進。

很多人面對挑戰時，第一個浮現在腦海裡的念頭就是慌亂地認爲：「我一定做不到，那太困難了！」

或許是因爲負荷量太大，也或者是因爲難度太高，許多人行動之前總認爲自己不可能做得到。然而，不管是哪一種理由，只要下定決心開始進行，任何事都不會太難。

會以爲困難重重，是因爲潛能並沒有完全發揮。要知道，人類碰到逆境之時，往往能刺激潛能，發揮意想不到的能力。

別想著還有多少事情還沒完成，先做再說。路邊的小花即使颳風下雨，只要活著，就會努力生長，因爲那是它將生命延續下去的生存本能。人也一樣，不管如何都得朝目標勇敢前進。

行到絕處，你仍然可以選擇出路

不要把眼前的絕境歸諸上天或旁人，因為一切都是自己的選擇，假使我們賴坐在絕境處痛哭不走，即使神明來拉也是拉不動的。

有人說，人生本來就不公平，有人出生含著金湯匙，有人裹舊衣破布；有人一輩子吃香喝辣，有人連求一餐溫飽都很困難。

是的，人生似乎真的很不公平。

但是，至少有一件公平的事，就是每個人可以決定自己的一生要過什麼樣的日子，走什麼樣的路，無論眼前的際遇如何。

不少人出身貧苦，日後卻光榮顯赫，但也有不少人原本享榮華富貴，最後卻淪落至萬劫不復的境地。

其實，說穿了，我們的人生是我們自己的選擇結果。

法蘭西斯的母親三十一歲的時候，因爲長了脊椎瘤導致全身癱瘓，只能整天躺在床上。雖然能夠靠著輪椅行動，但是不論到哪裡，都需要旁人協助。

然而，她並沒有因此對人生懷抱怨懟，也沒有因此對生活絕望，反而積極地參與殘障協會的工作與活動，藉自己微薄的力量幫助更需要幫助的人。

回想起母親年輕時的活潑美麗，法蘭西斯分外覺得老天不公與殘酷。但是，在他的記憶裡，母親卻總是帶著微笑去面對每一天的生活。

法蘭西斯長大以後，在州立監獄裡任職，他的母親主動要求到監獄裡教寫作。法蘭西斯的印象很深刻，每次母親來到監獄裡，都有許多人圍著她，仔細聆聽她所說的每一個字。

她說的話，彷彿總是能夠爲別人帶來力量。

有一回，法蘭西斯看見母親給一位年紀很輕的囚犯寫信，信裡寫道：

親愛的韋蒙：自從接到你的信之後，我便經常想到你。你在信裡提到被關在監牢裡有多麼難受，關於這一點，我深感同情。你說我不能想像也不能理解坐牢的滋味，我想你錯了。

我想對你說，監獄是有許多種的。在我三十一歲時，有一天醒來，人完全癱瘓了。一想到自己從此被囚禁在不能自由行動的軀殼裡，再也不能在草地上奔跑，也不能抱起我的孩子，我的心便難過極了。

有好長一段時間，我躺在那裡，問自己這種生活還值不值得過。因為，我所重視的所有東西，似乎都已經失去了。

但是，我後來想到，我還是有選擇自由的權利。我可以決定在看見我的孩子時是哭還是笑，我可以決定是要咒罵上帝，還是請他賜予我信心；我還是有許多決定的權利，可以決定接下來該怎麼過活。

我決定盡可能充實地生活，設法超越身體的缺陷，擴展自己的思想和精神境界。我能選擇為孩子做個好榜樣，也能在感情上和肉體上枯萎死亡。

自由有很多種，韋蒙，我們失去一種，就要尋找另一種。

你可以看著鐵窗，也可以穿過鐵窗往外看，你可以為自己的人生做決定。

就某種程度上說，韋蒙，我們命運相同。

看完信，法蘭西斯已淚眼模糊。直到這時，他才把母親看得更加清楚，也更能體會到母親面對人生的態度。

當闔眼長逝之前，人若能回顧自己有限的生命，必可以發現，漫長的一生其實是每一個抉擇結果堆積而成的。

英國十九世紀知名的社會改革作家塞繆爾．斯邁爾斯說過這樣的一句話，他說：「生活的不幸與失敗，不是他人造成的，而是自己造成的。」

得過且過，不願爲事業耗盡心力，那是我們的選擇；將所有的時間拿來賺錢，暫時先將家人的感受置於一旁，那也是我們的選擇。成爲一名實業家或是一名流浪漢，都是我們自己的選擇。

所以，不要把眼前的絕境歸諸上天或旁人，因爲一切都是自己的選擇，假使我們賴坐在絕境處痛哭不走，即使神明來拉也是拉不動的。

受不了眼前的現況就站起身離開；覺得自己可憐，就想辦法不要讓自己那麼可憐；認爲自己倒楣，就徹底改變自我，轉變運氣。可以做的選擇那麼多，在地上打滾和哭鬧，或是自悲自憐，是其中最沒建設性的幾種。

即使行到絕處，你仍然可以找出一條走出困境的道路。

嘗試，是成功的開始

成功並非完全是上天的恩賜，想要達到目的地，就得付出努力，走過各階段的磨練，最終才能享受成功的喜悅。

有些人看到別人出色的成就，除了羨慕之外，甚至會心生嫉妒，說出酸溜溜的眼紅話：「哼，他只不過是運氣比較好。如果給我相同的環境，我就不信我會比他差！」

成功眞的只是靠機運嗎？那是絕對不可能的。

或許有些人天資聰穎，打拼過程較他人容易些，但不代表成功就能唾手可得。每顆果實成熟前，都必須歷經播種、發芽、開花，才能結果。

葛爾．波頓早年埋頭於發明創造，先發明了脫水肉餅乾，但並未替他帶來任何財富，反而讓他在經濟上陷入窘境。由於第一次失敗的教訓，波頓經過兩年反覆試驗，終於又製成另一種新產品——煉乳，決定把它推向市場，第一步就是替產品申請專利保護。

波頓發明的煉乳，用一種純淨、新鮮的牛奶製作，牛奶裡大部分的水分在低溫中已經利用眞空抽掉。但是，波頓爲他的製造方式申請專利權時，得到的答覆竟是：產品缺乏新意！

專利局官員還告訴他，在已批准的專利申請存檔中，已經有數十種「脫水乳」申請過專利權，其中包括一種「以任何已知方法脫水」的檔案。

此後，波頓又陸續再提出申請，雖然不斷被駁回，但並未把他擊倒，仍不放棄煉乳製造的專利權，堅信他的創造有獨特價值存在。終於，在第四次申請專利時批准了。

雖然波頓有了專利權，但是推銷新產品的過程並非一帆風順。顧客仍然習慣把摻有水分的牛奶放入一些發酵品進行蒸餾，他們覺得煉乳這個東西非常古怪，對它一直持有疑心，煉乳始終乏人問津。波頓的兩位合夥人都失去了信心，第一家煉乳廠被迫關閉了。

葛爾．波頓只好用僅剩的錢建立了新廠，每天花費十八個小時在廠裡指導煉乳的生產方法，監督生產程序，檢查衛生清潔情況。在他不願放棄的努力之下，產品終於獲得民眾認同。

波頓的成就奠定了現代牛奶工業生產的基石。

葛爾．波頓的墓碑上，有這樣一段墓誌銘：「我嘗試過，但失敗了。我一再嘗試，終於成功。」

這正是對他一生的總結，對每個渴望成功的人來說，也是最實際的激勵，告訴我們無論遭遇什麼困境，都必須讓頭腦保持冷靜，不要因為亂了方寸而做出錯誤的決定。

人生有時就像打棒球，可能一次次揮棒落空，經過多次嘗試後好不容易打出安打。但別以爲這樣就結束，你還必須跑過一壘、二壘、三壘，再奔回本壘，一個壘包也不能漏掉，才能得分。

成功並非完全是上天的恩賜，想要達到目的地，就得付出相當程度的努力，走過各階段的磨練。

當一個目標確立後，就必須要有「將一步步歷經艱辛過程」的心理準備，最終才能享受成功的喜悅。

捨棄眼前小利，是爲了長遠契機

人生道路還很長，別為了眼前的小利，放棄遠大的夢想。

記得時時反問自己：「我的夢想價值多少？」

走出校園後，許多大學畢業生找不到合適工作，但卻已經有兩三家公司請她去上班。在許多條件不錯的選擇中，她獨獨看上一間薪資普通的小公司。

每個人都認爲她很傻，爲什麼要放棄好機會，去做個小職員？一段時間後，她發揮所學，屢屢爲公司創下佳績，職位連升幾級，也被賦予重任。幾年後，這間小公司翻身爲知名企業，她自然也前程似錦。

因爲獨到的眼光，讓她捨棄眼前的小利益，選擇有前瞻性的工作，她知道什麼才是適合自己的道路。

亨利在貧窮的家庭中出生，雖然過得很辛苦，但是家裡卻充滿了愛和關心，他活得非常快樂，而且充滿朝氣。

亨利的運動細胞特別發達，十六歲的時候，便能夠扔出時速九十英哩的快速球，並且準確地擊中美式足球場上任何一件移動的東西，他希望自己能在運動上闖出好成績。

他的高中教練奧利．賈維斯認爲亨利是個人才，也是亨利人生道路上的啓蒙老師。他讓亨利知道，人必須相信自己，擁有一個屬於自己的夢想，這樣不僅可以改變生活條件，也會有不同的人生。

亨利高中三年級的那年夏天，一個特殊的經驗讓賈維斯教練永遠地改變了亨利的生活。

當時，一個朋友推薦亨利一份暑期工讀工作。這也意味著他的口袋裡將會有

錢，不但可以買輛自行車和新衣服，更能夠開始存錢爲母親買一棟房子。這份工作對他來說極具誘惑，讓他高興得跳了起來。

可是，他也意識到，如果做這份工作，暑假就無法練球，也不能參加比賽了。他把這件事告訴賈維斯教練的時候，教練如他預料般生氣了。

「你還有一生的時間可以去工作，」教練說：「但是，你練球的日子是有限的，你根本浪費不起！」

亨利低著頭站在教練面前，努力想解釋，爲了那個替媽媽買房子的夢想，即使讓教練對他失望，也覺得值得。

「孩子，你做這份工作能賺多少錢？」教練問道。

「每小時三點二五美元。」

教練繼續問道：「你認爲，一個夢想就值一小時三點二五美元嗎？」

這個問題，赤裸裸地擺在亨利的面前，讓他看清了立刻得到某些東西和樹立一個目標之間的不同之處。

那年暑假，亨利全心投入練球。後來，他在亞利桑那州的州立大學獲得美式足球獎學金，得到繼續接受教育的機會。

一九八四年，亨利與丹佛野馬隊簽署一份一百七十萬美元的合約。他終於爲他的母親買了一座房子，實現了夢想。

曾獲得諾貝爾和平獎的史懷哲博士說過：「假若只需要一份工作，這世上的工作太多了。問題是，人必須選擇一份有意義的工作。」

這個道理雖然很多人懂，但是面臨抉擇的時候，能做到的卻不多。放棄眼前馬上就能擁有的，選擇去做得努力一陣子才可能有點成就的事，必須要有冷靜的頭腦，以及很大的決心和遠見。

如果你只是爲了薪水而工作，就無法在工作中得到更深的體會，自然沒有好的效率，又怎麼會有開拓性的未來呢？

人生道路還很長，別爲了眼前的小利放棄遠大的夢想。記得時時反問自己：「我的夢想價值多少？」

在沒人走過的道路尋找出路

別害怕走別人沒走過的路，大家都說不行的事未必真的不行。與其跟著浩大隊伍前進，何不開創屬於自己的道路讓人追隨？

「選這個就對了，你看那麼多人做過，沒問題的啦！」

當我們要做一件事，周遭常會出現很多聲音，給予中肯的意見。其中最常見的，就是要我們以他人爲榜樣，照著做就是了。

然而，這些被追隨的對象，其實也是跟著前面的人留下的足跡走的。

多數人堅信且贊成的眞理、方向、意見等等，雖然普遍爲大眾接受，相對的也缺乏獨創性。就像被無數人踩過的地面，看不出曾有哪些足跡留下。

一八九九年，愛因斯坦在瑞士蘇黎世聯邦工業大學就讀時，指導他的老師是數學家明可夫斯基。愛因斯坦肯動腦、愛思考，深得明可夫斯基賞識，師徒二人經常一起探討科學、哲學和人生。

有一次，愛因斯坦突發奇想，問明可夫斯基：「一個人，比如我吧，究竟怎樣才能在科學領域，以及人生道路上留下自己的足跡，爲世界貢獻呢？」

一向才思敏捷的明可夫斯基當場被問住了。直到三天後，他才笑容滿面找愛因斯坦，非常興奮地說：「你那天提的問題，我終於有答案了！」

「什麼答案？」愛因斯坦迫不及待地抓住老師的胳膊，「快告訴我呀！」

明可夫斯基比手畫腳好一陣子，卻怎麼也說不明白，於是拉著愛因斯坦朝一處建築工地跑去，直接踏上建築工人剛剛鋪平尚未乾固的水泥地面。在工人的斥喝聲中，愛因斯坦一頭霧水，非常不解地問明可夫斯基：「老師，您這不是領我誤入歧途嗎？」

「對，對，就是歧途！」明可夫斯基顧不得別人的指責，非常專注地說：「看到了吧？只有這樣的『歧途』，才能留下足跡！」

然後，他又解釋說：「只有新的領域，只有尚未凝固的地方，才能留下深深的腳印。那些凝固很久的老地面，那些被無數人、無數腳步涉足的地方，別想再踩出腳印來……」

聽到這裡，愛因斯坦沉思良久，非常感激地對明可夫斯基說：「恩師，我明白您的意思了！」

從此，強烈的創新和開拓意識，開始主導愛因斯坦的思維和行動。

愛因斯坦曾經說過這樣的話語：「我從來不記憶和思考詞典、手冊裡的東西，我的腦袋只用來記憶和思考那些還沒載入書本的東西。」

在愛因斯坦離開校園，剛進入社會的前幾年裡，不過是伯爾尼專利局一個沒沒無聞的小職員。他利用業餘時間進行科學研究，並在物理學三個未知領域裡齊頭並進，大膽而果斷地挑戰並突破了牛頓力學。他剛滿二十六歲的時候，就提出狹義相對論，開創物理學的新紀元，爲人類做出卓越的貢獻，並在科學史冊上留下深深足跡。

的確，跟從多數人選擇的方向，通常不會遇到大風大浪，但是也不會有很大成就。大家都說好，大家都去做，同一塊大餅那麼多人分，能得到的又是其中的幾分之幾呢？

換個角度想，或許大家都說不行的事，反而是成功的點子！

想留下自己的腳印，就別害怕走別人沒走過的路，大家都說不行的事未必眞的不行。與其跟著浩大隊伍前進，何不開創屬於自己的道路讓人追隨？

你一定要相信，自己也可以成爲隊伍最前面的那一個人。

只要肯投入，夢想一定會成眞

當天時、地利與人和齊備的時候，只要投入充足的毅力與努力，不恃寵而驕，成功的位置我們就能坐得更安穩、更持久。

對於自己想做的事，不論理論上可不可行，儘管放手去做，因爲，不論做得好不好，至少你已經往目標踏出第一步。

充滿信心地設定人生目標，然後踏出自己的腳步，如果你不積極跨出「第一步」，就只是一個光說不練的幻想家，永遠達不到目的。

人生只要有一個奮鬥目標，身心便可望健康愉快，我們再靠著這個健康的身心，好好地完成這個目標，便不難獲得成功。

在里約的一個貧民區裡，曾經有一個很喜歡足球的男孩，但是，由於家境清寒，這個男孩便只能從垃圾箱中撿來椰子殼、汽水罐……等等，學習踢足球的技巧。

有一天，男孩來到一個已經乾涸的水塘中玩耍，在他的腳下，正要玩著一個大豬蹄。

這時，恰巧有個足球教練經過，發現男孩踢豬蹄的腳力很強，於是，便好奇地問男孩爲什麼要踢這個豬蹄。

男孩瞪大了眼說：「我在踢足球，不是踢豬蹄！」

教練一聽完，笑了笑說：「豬蹄不適合，我送你一顆足球吧！」

男孩開心地拿到了足球，每天更賣力地練習，逐漸的，已經能夠精準地把球踢進十公尺外的水桶中。

很快地，到了耶誕節的那天，男孩對媽媽說：「媽咪，我們沒有錢買聖誕禮物給那位送我足球的好心人，不如這樣，今天晚上祈禱的時候，我們一起爲他祝禱吧！」

男孩與媽媽禱告完畢後，向媽媽要了一個剷子，便跑了出去。

只見男孩來到一個別墅的花圃中，努力挖出一個凹洞，就在他快要完成時，有個人走過來，問他在做什麼。

男孩抬起紅通通的臉，甩了甩臉上的汗珠，開心地說：「教練，耶誕節我沒有禮物送給您，只好幫您挖一個聖誕樹坑。」

教練哈哈大笑地看著男孩說：「孩子，我今天得到世界上最好的禮物，你明天到我的訓練場吧！」

三年後，這位十七歲的男孩在第六屆世界杯足球賽上，一人獨進二十一顆球，爲巴西捧回第一個金杯。

這位男孩正是今日世人熟悉的足球巨星，球王比利。

用不同的心境面對環境，人生就會產生各種可能；你會擁有什麼未來，完全在於你用什麼心態面對現在。

看著比利練習足球時的投入，不管腳下踢的東西是什麼，他都堅持是「足球」的精神，就能預言他的未來必定會成功；即使沒有遇上這位足球教練，他也都會是未來的足球巨星。

故事中的比利，因爲目標明確，讓他有超強的毅力；因爲知道感恩，使他走向成功的路途上，遇到貴人和機會比別人更多。

球王比利成名的故事，無疑告訴我們，當天時、地利與人和齊備的時候，只要投入充足的毅力與努力，不恃寵而驕，成功的位置我們就能坐得更安穩、更持久。

發掘自己的價值，使人生更充實

一個人擁有多少「價值」，高不高貴，絕對不是他人認定的標準，而是出自本身的內涵和認知。

熊貓之所以珍貴，在於牠們稀少，被定位爲保育類動物。這個「價值」的認定，是外在給予的。

從這個角度來看，身爲人類的我們，其實也應該好好珍視自己。因爲，就算全世界有幾十億人口，可是，你，只有一個，世界上不可能有第二個「你」存在。這樣的自己，也算是稀有的保育類動物吧！

一個年輕人覺得自己什麼事都做不好，大家都嘲笑他沒用，又蠢又笨。他非常難過，找老師訴說煩惱。

老師說：「孩子，我很遺憾，現在幫不了你，我得先解決自己的問題。」他停頓了一下，繼續說道：「這樣吧，如果你先幫我個忙，等我的問題解決後，或許可以幫助你。」

「如果能幫上您的忙……是我的榮幸。」年輕人很沒自信地回答。

老師把一枚戒指從手指上摘下來，交給他說：「騎著馬到市集去，幫我賣掉這枚戒指，我要還債。記住，要賣個好價錢，最低不能少於一個金幣。」

年輕人拿著戒指離開了，一到市集，就拿出戒指叫賣。

人們紛紛圍上前，當年輕人說出戒指的價格後，有人嘲笑他，有人說他瘋了，只有一位老人好心地向他解釋，一個金幣是很值錢的，用來換這樣一枚戒指一點也不划算。有人想用一個銀幣和一些不值錢的銅器交換這枚戒指，但年輕人記著老師的叮囑，斷然拒絕了。

年輕人騎著馬緩緩歸來，沮喪地對老師說：「對不起，我沒有換到您要的一個金幣，可能可以換到幾個銀幣吧。」

「孩子，」老師微笑著說：「首先，我們應該知道這枚戒指的眞正價值。你再騎馬到珠寶商那兒，告訴他我想賣這枚戒指，問問他給多少錢。但是，不管他說什麼，你都不要賣，帶著戒指回來。」

年輕人來到珠寶商的店，商人在燈光下用放大鏡仔細檢驗戒指後說：「年輕人，告訴你的老師，如果他現在就想賣，我最多給他五十八個金幣。」

「五十八個金幣？」年輕人不敢相信自己的耳朵。

「是啊，我知道要是再過久一點，也許可以賣到七十個金幣。關鍵在於你的老師是不是急著要賣。」珠寶商說。

年輕人激動地跑到老師家，把珠寶商說的話告訴老師。

老師聽後說：「孩子，你就像這枚戒指，但是，只有眞正內行的人才能發現你的價值。每個人都像這枚戒指，在人生這個大市場裡要自我珍視，同時也要努力，讓我們遇到的人，就算不內行，也能發現我們眞正的價值。」

年輕人頓悟，也將眉頭舒展開來。

人在徬徨迷惑的境遇中，最容易懷疑自己存在的價值，正因爲胸臆中充滿懷疑，往往不懂得珍惜自己。

其實，衡量一個人擁有多少「價值」，高不高貴，絕對不是他人認定的標準，而是出自本身的內涵和認知。就如同拉羅修克夫曾經說過的：「人的生命就像果實一般，同樣各有他成熟的季節。」

每個人人生的高峰期都不一樣，就像水果有屬於自己成熟的季節一樣。重要的是在等待的階段，必須了解自己、努力充實自己，使成熟季節保持更久，使果實長得更完美。

有好的領袖，能更上層樓

身為領導者，必須擁有更冷靜的頭腦、更大的心胸、更廣的眼界接納部下的建議，如此不僅使屬下的才華得以發揮，自己也能從中成長。

公司中常常會出現一個現象：在緊要關頭，上司抱怨屬下派不上用場，屬下埋怨上司不了解自己的能力。

一般來說，企業都非常重視員工的訓練和教育，希望培養出更多沉著冷靜的人才爲公司效力。可是，倘若領導者的觀念不夠正確，做事不夠謹慎，就可能造成員工懷才不遇的情形發生。

「領導者」的角色非常重要，甚至會左右一家公司的前途。要讓底下的人願意跟隨自己，就在於領導者能給屬下多大的幫助。

新力公司董事長盛田昭夫多年來保持著一個習慣，就是和職員們一起用餐、聊天，培養彼此的合作意識，及良好的互動關係。

有一天晚上，盛田昭夫按照慣例走進員工餐廳與職員們一起用餐，發現一位年輕職員鬱鬱寡歡，滿腹心事，只是悶著頭吃飯，誰也不搭理。盛田昭夫於是主動坐在他對面。

幾杯酒下肚之後，這位職員終於開口了：「我畢業於東京大學，原本有份待遇十分優渥的工作。當時，我對新力公司非常崇拜，認爲若能進入這家公司，會是一生最佳的選擇。進入後我才發現，我根本不是爲新力工作，而是爲科長做工。坦白說，我的科長是個無能之輩，更可悲的是，部門所有提案與計劃都得經過科長批准。我自己的一些小發明與建議，科長不僅不支持，還挖苦我不自量力、野心太大。我十分洩氣，心灰意冷，如果這就是新力公司，我又何必放棄原有的工作來到這裡呢？」

這番話令盛田昭夫十分震驚，心想類似的問題在公司內部恐怕不少，管理者應該關心基層員工的苦惱，了解他們的處境，而不是堵塞他們上進之路。於是，他建立新的人事管理制度。

從此以後，新力公司每週出版一次內部小報，刊登公司各部門的「求人廣告」，員工可以自由且秘密地前去應聘，上司無權阻止。另外，每隔兩年就讓員工調換一次工作，讓那些精力旺盛、幹勁十足的人才有發揮的空間，不是讓他們被動地等待工作，而是主動給他們施展才能的機會。

在新力公司實行內部招聘制度後，有能力的人才大都能找到自己較中意的崗位，人力資源部門也可以發現那些「流出」人才的上司存在的問題，以便及時採取對策進行補救。

身爲領導者，就是因爲某方面的能力比屬下強，才會變成上司。因此，底下的人若做得不好，應該給予的是協助，而非指責。

除此之外，必須擁有更冷靜的頭腦、更大的心胸、更廣的眼界，接納部下的建議，如此不僅使屬下的才華得以發揮，自己也能從中成長。

盛田昭夫正是了解這個道理，知道「人的資質是無限的」，只要能活用這些人才，就能爲公司帶來助力，使得新力公司發展至今日這個規模。

我們都必須學習當個優秀的領導者，即使沒有機會帶領別人，也要能當自己的伯樂，發覺自己的強項，努力發揚光大。

3. 面對困境 更要積極冷靜

生命中的「困難」就是一種「可能」，
成功者會冷靜地尋找這種可能。
就算達不到目標，
也能讓自己在挑戰中成長。

面對困境更要積極冷靜

生命中的「困難」就是一種「可能」，成功者會冷靜地尋找這種可能。就算達不到目標，也能讓自己在挑戰中成長。

承諾，是一種人格上的保證，是一個慎重的決定，現在卻常常被人們濫用，尤其是口頭上承諾，往往變成敷衍的代替品。

會做「承諾」的時刻，大都是碰到困難、不好解決的時候，這時候的「承諾」特別重要。當我們碰到困難，感到沮喪時，不妨對自己做個「承諾」。

亞蘭是美國聯合保險公司的一位業務員。

有一天非常的寒冷，路上的雪積得很高，在上面行走很吃力。當時亞蘭在威斯康辛州一個城市的社區中推銷保險，可是連一筆生意都沒有做成。

就在回家的路上，亞蘭不小心跌了一跤，摔斷了右手，也扭傷了腳。亞蘭雖然對自己的表現很不滿意，又不幸受傷，但他並沒有因此而氣餒，反而選擇積極面對挫折，將不滿轉爲鼓勵自己的動力。

休養一個禮拜後，他再次挑戰自己。出發前，他向同事們描述上個禮拜遭遇的失敗，然後接著說：「等著瞧吧！今天我將再次拜訪那些顧客，我將賣出比你們全部賣出的總和還要多的保險單回來。」

所有同事都不相信他做得到。

結果，亞蘭跌破眾人的眼鏡，竟然做到了。他回到那個社區，拜訪了前一個禮拜和他談過話的每一個人，當場賣出六十六張新的事故保險。

當時亞蘭在風雪中跋涉了八個小時，還跌了一跤，卻沒有賣出一張保險單，可是亞蘭把第一天在失敗的情況下感受到的一切不滿，轉化成激勵自己的力量，最後終於獲得成功，不久之後就被提升爲業務經理。

生命中的「困難」就是一種「可能」，成功者會冷靜地尋找這種可能。然而一般人都希望能用最簡單、最方便的方法做好一件事，但是不需努力就得到的東西，通常不會太好。

亞蘭所抱持的心態就是：「面對困境更要積極冷靜，即使付出再大的努力，也要將它完成。」

因爲這個對自己的「承諾」，讓他做到人們認爲不可能的事。就因爲處於逆境，才要和自己做「承諾」，就算達不到目標，也能讓自己在挑戰中成長。

給自己一個承諾，看似簡單，其實是最難的。但是這樣的自我承諾，會讓決心更加堅強，成爲前進的動力。

工作態度決定你的價值

如果你在公司正從事著非常細微的工作，記得源太郎的擦鞋態度與生活哲學，不管做什麼事，我們都要做到最好。

態度決定一個人的高度，如果你對眼前的工作，或是人事物感到厭倦，不妨靜下心來用寬闊的心胸加以看待。

如此一來，你便會從生活和工作中，看到更開闊的前景，找到原以爲絕不可能屬於自己的快樂與成就感。

工作本身原本就沒有標價，唯一能評定工作價值的是我們的態度，只要你認定無價，就沒有人能否定它了。

在過去，擦鞋是一項很低微的工作，對於從事這項工作的人，大家都認定他不會有出息的一天。不過，有個名叫源太郎的日本人，卻憑著擦鞋的工作，成就了他輝煌的人生。

原本是在化學工廠工作的源太郎，因爲公司倒閉，而失業在家，直到一個偶然的機會，他從一位美國軍官那裡，學會了擦鞋的技巧，生活有了改變，還迷上了這項工作。

每當他聽說哪裡有好的擦鞋匠，他都會跑去請教，並虛心學習。

日子一天天地過去，源太郎的技術也越來越精湛，他的擦鞋技巧獨樹一格，不用鞋刷，而用木棉布擦拭，鞋油也是他自行調製。

那些早已失去光澤的舊皮鞋，經他用心擦拭之後，無不煥然一新，而且光澤持久，每一雙鞋至少都能保持一週以上。

觀察入微的源太郎，也累積出特殊的功力，每當他與人們擦肩而過時，就能知道對方穿的鞋種；又從鞋子的磨損部位和程度，便能說出這個人的健康與生活習慣。

如此精湛的技藝，讓東京的一家五星級飯店相中，他們請源太郎到飯店，專職爲飯店裡的顧客擦鞋。

自從源太郎來到飯店之後，許多名人來到東京，全都指定要住這間飯店，而他們最重要的原因，正是爲了讓他們的好鞋能有「五星級的服務」。

當他們腳下踩著修整後煥然一新的皮鞋時，心中也記下了「源太郎」的名字與他服務的地方。

隨著時間的前進，源太郎的「擦鞋」工作也累積出了名聲，甚至還有國外的顧客，來到日本指定要找源太郎擦鞋。

聞道有先後，術業有專攻，即使是掃地、擦鞋……等等工作，也有專業的地方，那是靠經驗的累積，也靠技巧的突破，才能把如此細微的工作，做得比別人更爲出色。

越微不足道的事，其實越能成功，因爲這些工作所面對的都是生活中最基本的事物；許多人會忽略它的重要性，卻無法否定它的存在價値，因爲那完全是我們生活的一部分。

如果你在公司正從事著非常瑣碎的工作，記得源太郎的擦鞋態度與生活哲學，不管做什麼事，我們都要做到最好。

職業不分貴賤，貧富沒有差距，當我們也能像源太郎一樣，有著人們依賴信任的專業時，人生便已經有更多的超越與擁有。

一時得失，不必太過偏執

成果有時候不能立即看到，必須經過漫長時間的付出和等待。可是，等到時機成熟，成果將會以驚人的面貌出現。

社會上許多事業有成的人，還未做出一番傲人成績之前，常常讓人誤解成是異想天開的笨蛋。他們的行徑往往和常人不同，做事的方法也很獨特，當他們正爲自己的成功努力著時，常會被世人誤解。

因爲，沒有人能夠看到他們付出的背後，擁有的獨創性和眼光。

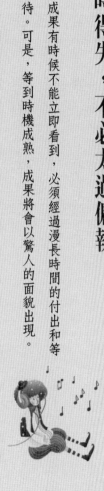

日本東京島村產業公司及丸芳物產公司董事長島村芳雄，創造了著名的「原價銷售法」，還利用這種方法，由一貧如洗的店員變成產業大亨。

島村芳雄初到東京時，在一家包裝材料行當店員，薪水十分微薄，下班後唯一的樂趣就是在街頭閒逛，欣賞行人的服裝和他們提的東西。

有一天，島村又像往常一樣在街上漫無目的溜達時，突然注意到，許多行人手中都提著紙袋，這些紙袋是買東西時，商店給顧客裝東西用的。一個念頭在島村腦中浮現，認定這種紙袋會風行一時，做紙袋生意一定會大賺一筆。

考慮到自己沒經驗、沒資金，島村想出一種新的銷售方法，即「原價銷售法」，以一定的價格買進，然後以同樣的價格賣出，不賺一分錢。

島村先往麻繩原場地，以五角的價格大量買進四十五釐米規格的麻繩，然後按原價賣給東京一帶的紙袋工廠。

這種完全無利潤的生意做了一年後，附近的工廠都知道「島村的繩索眞正便宜」，訂貨單也像雪片一樣，從各地源源而來。

見時機成熟，島村便開始實施第二步行動。他先拿著購貨收據，前去訂貨客戶那裡訴苦：「你們看，到現在爲止，我沒有賺你們一毛錢。如果再讓我這樣繼續爲你們服務的話，只有破產一條路可以走了。」

客戶被島村的誠實和信譽感動，心甘情願把交貨價格提高爲五角五分錢。

接下來，島村又與麻繩廠商洽談：「您賣給我一條五角錢，我都直接照原價賣給別人，才有現在這麼多的訂貨。如果這種賠本生意讓我繼續做下去的話，只有關門倒閉了。」

麻繩廠商一看島村開給客戶的收據存根，大吃了一驚，願意這樣做不賺錢生意的人，他們還是生平第一次遇到。於是，廠商沒有多加考慮，就把給島村的價格降低爲一條四角五分。

以當時一天一千萬條的交貨量計算，島村一天的利潤就可達到一百萬元。創業兩年後，島村就成爲名滿天下的人了。

十八世紀，法國法律學者那特克衛曾經這麼說：「真正的成功者，外表看似憨直，其實精明幹練。」

推銷員必須懂得心理學，就像船員一定要具備航海技術一般，島村芳雄主打的，就是人性心理。

他建立紙袋及痲繩工廠對長期客戶的信賴，也同時奠基他的人脈和商譽，藉著替痲繩工廠增加訂單的服務，對紙袋工廠「不計得失」的買賣的行爲，讓雙方自動調價，獲取其中利潤。

成果有時候不能立即看到，必須經過漫長時間的付出和等待。可是，等到時機成熟，成果將會以驚人的面貌出現。

眞正成就大事業者，是不會計較一時得失的。

不知道有多難，做起來便不難

有時候我們也該學學這種「不知道」的精神，事情不必知道太多，憑著一股「傻子」的衝勁去做就是。

剛從駕訓班出來的人都知道，眞正的道路駕駛和在駕訓班開車相差十萬八千里，幾乎每個新手駕駛都會被這樣告誡。因此，當新手上路前，心裡面已經存在一種負擔和恐懼：「啊！在路上開車好恐怖！」

和做其他事情一樣，車要開得好，是經驗和練習累積而來的。可是，同樣是新手上路，一個已經感到害怕的駕駛者，和一個帶著平常心上路的人相較，後者的表現一定優於前者。因爲，他將道路駕駛當成在駕訓班練習，雖然小心，但是不會太緊張。

有時候，不必知道問題「有多難」，不知者才能無畏！

一七九六年的一個微涼的夜晚，德國哥廷根大學有個十九歲的年輕人在晚餐過後，開始做例行的數學題練習。在一般情況下，他都會在兩個小時內完成這項作業，這天卻和往常不同。

前兩道題目在兩個小時內順利地完成，第三題讓他花費一番功夫。這道題目要求只用圓規和一把沒有刻度的直尺在一張小紙條上做出正十七邊形。年輕人並沒有多想，就像做前兩道題一樣，埋頭練習。做著做著，他開始感到吃力，思考的時間也愈來愈多。

困難激起他的鬥志，心想著，無論如何一定要把它做出來！他拿起圓規和直尺，在紙上畫線，嘗試用一些超越常規的思路去解這道題目。

不知不覺中，時間慢慢過去了，當窗口露出一絲曙光時，年輕人大大呼了一

口氣，終於解開了這道難題。

他將作業交給教授，教授一看當場愣住了，用顫抖的聲音對年輕人說：「這個眞的是你自己做出來的嗎？知不知道，你解開一道有兩千多年歷史的數學懸案？阿基米德沒有解出來，牛頓也沒有解出來，你竟然一個晚上就解出來了！哈，你眞的一是個天才！」

原來，教授出題目時，不小心把印著這道題目的小紙條夾在給年輕人的題目裡，這是他最近苦心鑽研的難題。

多年以後，這個年輕人回憶起這一幕時，總是說：「如果有人告訴我，這是一道有兩千多年歷史的數學難題，我絕對不可能一個晚上就解決它。」

這個年輕人就是後來被稱爲「數學王子」的高斯。

恐懼，會不斷影響你的思考和作爲，會在一件事開始前，就先打擊你的信心，嘲諷你的能力，勸你放棄。

所謂「初生之犢不畏虎」，正是因爲小牛不知道老虎爲何物，因此不會害怕。很多比賽和表演也是同樣的道理，正式上場和練習表現出來的成果，時常會有一些落差。如果根本不知道這是「正式演出」，用平常心面對，反而比較能發揮眞正的實力。

有時候我們也該學學這種「不知道」的精神，事情不必知道太多，憑著一股「傻子」的衝勁去做就是。

何必自己嚇唬自己？何必讓自己老是緊張兮兮？只有保持冷靜才能走出困境，只有在平常心之下，才能有最好表現。

不要怕打擊，成功就在下一次

被拒絕時，通常第一個感受必定是難堪，不敢再次敲對方的門，但是，若因此退縮不前，也等於喪失一次可能成功的機會。

業務員往往讓人感到又是敬佩、又是頭痛，他們必須面對一次又一次被拒絕的場面，甚至遭到白眼、辱罵、摔門等待遇。

被人拒絕的悲哀，恐怕只有他們能深深體會。是什麼樣的力量支持他們繼續從事這項工作，面對遭人拒絕時的尷尬與信心的打擊呢？

答案就是心理素質。遭到拒絕，其實沒有那麼糟，不要讓一時的不如意變成自己的心靈魔咒。越不如意，就越要鼓舞自己。

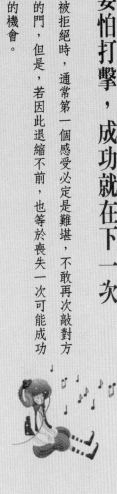

從收到瑞德公司面試通知那天起，克里弗德的心裡既焦急又期待。面試那天，他用心梳洗打理一番，繫上一條新領帶，希望能帶給自己好運。

上午十點鐘，他走進瑞德公司人力資源部。等秘書小姐向經理通報後，深深吸一口氣，提著手提包走到經理辦公室門前，輕輕地敲了兩下門。

「是克里弗德先生嗎？」屋裡傳出詢問聲。

「經理先生，你好！我是克里弗德。」克里弗德慢慢地推開門。

「抱歉，克里弗德先生，你能再敲一次門嗎？」端坐在轉椅上的經理悠閒地注視著克里弗德，表情有些冷淡。

經理先生的話雖令克里弗德有些疑惑，但他並未多想，關上門，重新敲了兩下，然後推門走進去。

「不，克里弗德先生，這次做得沒有第一次好，你能再來一次嗎？」經理示意他出去重來。

克里弗德重新敲門，又一次踏進房間。

「先生，這樣可以嗎？」

「這樣說話不好！」經理回答他。

克里弗德又再一次走進去：「我是克里弗德，很高興見到您。」

「這回差不多了，如果你能再來一次會更好，你能再試一次嗎？」

當克里弗德第第十次退出來時，內心的憧憬已消失殆盡，而且開始感到惱火。他心想，進門打招呼要那麼講究嗎？這只是場面試，這樣做分明是在刁難戲弄人。克里弗德愈想愈氣，轉身就想離開，可是剛走幾步又停了下來。

「不行，我不能這樣逃開，即使瑞德公司不打算錄用我，也得聽到他們當面對我說。」克里佛德這樣告訴自己。

於是，克里弗德重新調整心情，平靜地敲響了第十一次門。這次，他得到的不是難堪的拒絕，而是熱烈歡迎的掌聲。克里弗德愣在原地，原以為會再一次被拒絕，沒有想到第十一次敲開的，竟是一扇成功之門。

原來，瑞德公司此次打算招聘一名市場調查員。一名優秀的市場調查員，不僅要具備學識素質，更要具備耐心和毅力等心理素質。這十一次的敲門和問候，就是關於一個人心理素質的考題。

假如有一天，你被別人拒絕了，覺得自己能被拒絕幾次呢？

當人們被拒絕時，通常第一個感受必定是難堪，接著感到自憐，然後就心生恐懼，不敢再次敲對方的門，因爲對當下的自己來說，被拒絕的不是提議，而是自尊和信心。但是，若因此退縮不前，也等於喪失一次可能成功的機會。知道這一點後，更要提振精神，克服心裡的不耐，再試一次。

這是一種控制情緒的學習，別因對方的冷言冷語輕易受傷。只要告訴自己，再敲一次門，等待在門後的將是熱烈的掌聲。

正如威廉．喬理斯所說：「被拒絕了，不需要感到悲哀，用不著把拒絕當做是個人侮辱。當對方把你關在門外時，更要因此下定決心——我一定會把握下次的機會，把這筆生意做成。」

相信自己，沒有辦不到的事

人類的潛力比自己想像中的還要大。克服內心的怯懦，把「我不能」徹底埋葬，只要能做到這點，相信就沒有辦不到的事。

人一生中最大的敵人就是「自己」。

碰到困難、面對挫折時，能不能闖關成功，關鍵就在於「是否能跨越自我的恐懼」，沒有所謂的「能不能」，只有「願不願意」的選擇。

當一個目標立在眼前時，要不要前進，是否繼續，就看自己和潛意識之間的溝通。如果心裡只想著「我不能」，就已經和命運妥協，向失敗投降。

唐娜是密西根州一個小鎮裡的小學老師。某天上課時，她讓學生在紙上寫出自己無法做到的事。

一群十歲的孩子，在紙上寫著：「我無法把球踢過第二道底線」、「我不會做三位數以上的除法」、「我不知道如何讓比利喜歡我」……等等。

唐娜老師也在紙上寫下她無法做到的事情：「我不知道如何才能勸約翰的母親來參加家長會」、「該如何不用體罰，就能勸導艾倫聽話」……等等。

過了約莫十分鐘，學生們已經寫滿一整張紙，有的甚至開始寫第二頁了。「孩子們，寫完一張紙就行，不要再寫了。」唐娜老師宣佈這項活動結束。

學生們按照她的指示，把他們寫滿「認爲自己做不到事情」的紙對折好，投進一個空的盒子裡。

唐娜老師也把自己的紙條投進去。接著，她帶著學生走到運動場最偏遠的角落，捲起衣袖用鐵鍬挖起坑來，挖了幾下後，讓學生們也輪流用鐵鍬挖洞，不久，一個三呎深的洞就挖好了。

他們把盒子放進去，再用泥土把盒子完完全全覆蓋上。每個人所有「不能做」的事情，就這樣被埋在這個三英呎深的泥土下面了！

唐娜老師神情嚴肅地說：「孩子們，現在請你們手拉著手，低下頭，我們準備默哀。」學生們很快拉起手，圍繞著「墓地」，低下頭靜靜等待。

「朋友們，今天我很榮幸邀請你們前來參加『我不能』先生的葬禮。」接著，唐娜老師莊重地唸著悼詞：「『我不能』先生您在世的時候，曾經與我們朝夕相處，影響、改變我們每一個人的生活，有時甚至比任何人對我們的影響都要深刻得多。您的名字幾乎每天都要出現在各種場合，這對於我們來說是非常不幸的。現在，我們將您安葬在這兒，希望您能夠安息。同時，我們更希望您的兄弟姐妹『我可以』、『我願意』，還有『我立刻就去做』能夠繼承您的事業。雖然他們的名氣不如您大，沒有您的影響力深，但是他們會對我們每一個人、對全世界產生更加積極的影響。」

最後，唐娜老師對學生們說：「願『我不能』先生安息吧！也祝福我們每一個人都能夠振奮精神，勇往直前！阿門！」

經過這場告別式後，日後只要有學生說出「我不能」這句話時，必定會想到「我不能」先生已經死了，積極想出解決問題方法。

柏拉圖曾經說過：「克服自己，是人類勝利中，最偉大的勝利。」用什麼樣的心理面對考驗，是成敗的決勝點，一個積極的人，絕對會比悲觀者擁有更多的勝算。人類的潛力比自己想像中的還要大，如果給它正面的情緒，就會有正面的反應。

克服內心的怯懦，把「我不能」徹底埋葬。只要能做到這點，相信就沒有辦不到的事。只有克服「我不能」，才能夠向「我可以」邁進，最後也才有機會碰到「我勝利」！

學習他人優點，跨越自身界限

讓他人身上的優點成為自己的，最大的關鍵就是「偷學」。「偷」來的優點，可以使自己進步，讓自己身上也有他人的優點。

每一個人，無論是否讓人討厭、聰明或愚蠢，都有值得他人學習的地方。

我們很容易淪落到某種由羨慕、嫉妒到討厭一個人的情緒裡。羨慕她長得美、嫉妒他家財萬貫，所有比自己好的人，都是令人眼紅的對象。

既然如此，何不將他們令自己羨慕的東西「偷」過來呢？

特福的父母在一次意外中不幸辭世，只留給他和哥哥卡爾一間小小的雜貨店。由於資金微薄，設施又簡陋，店裡的生意並不好，只能靠著出售一些罐頭和汽水之類的食品勉強度日。

兄弟倆不願意一直過著這種窮苦的生活，拼命尋找發財的機會。

有一天，卡爾問弟弟：「爲什麼同樣的商店，有的賺錢，有的只能像我們這樣慘澹經營呢？」

特福回答說：「我覺得我們經營的方式可能有問題。我相信，只要經營得好，小本生意也是可以賺錢的。」

「可是，如何才能經營得好呢？」卡爾疑惑地問著。在兩兄弟一番討論之下，他們決定多多觀摩，到其他店家看一看。

某一天，他們來到一家「消費商店」，這家商店顧客絡繹不絕，這樣的情況引起兄弟倆的注意。他們在店裡逛了幾圈，沒有發現特別之處，又走出商店，看到門外有一張醒目的告示上寫著：「凡來本店購物的顧客，請保存發票，年底可以憑發票總額的百分之三免費購物。」

他們把這份告示看了又看，終於明白這家商店生意興隆的原因了。原來顧客就是貪圖那「百分之三」的免費商品。

他們回到自己的店裡後，立即貼了一個醒目的告示：「本店從即日起，全部商品降低折扣百分之三，本店保證所售商品爲全市最低價，如顧客發現不是全市最低價，本店可以退回差價，並給予獎勵。」

就是憑藉這種「偷」來的智慧，他們兄弟倆的商店迅速擴大，成爲世界上最大的連鎖商店之一。

「偷」東西的確不好，可是偷學別人的優點是値得鼓勵的，想學，就是一種求進步的表現。就像特福兩兄弟，不但偷學別人的經營之道，還將其融會貫通，發展出更好的方法來。

有一個貧窮的人，見一個富人生活得很舒適又愜意，便對富人說：「我願意在您家裡爲您工作三年，一分錢也不要，只要讓我有飯吃，有地方住。」

富人覺得這眞是少有的好事，立刻答應窮人的請求。三年後，窮人離開富人，從此不知去向。十年過後，昔日的窮人變得非常富有。以前那個富人與他相比之下，反而顯得很寒酸。

富人向昔日的窮人請求道：「我願意出十萬元，買你如何富有的經驗。」昔日的窮人聽了，哈哈大笑說：「我是用從您那兒學到的經驗，才賺了那麼多的財富，如今你卻要用金錢買我的經驗！」

我們可以讓他人身上的優點成爲自己的，最大的關鍵，就是去「偷學」，就像窮人從富人身上「偷」來的經驗一樣。

「偷」來的優點，不但可以使自己進步，更讓自己有另一種成就感。我們應該多多研究身邊每一個人，讓自己身上也有他人的優點。

保持理智，才不會因爲金錢而迷失

追求富裕的人生並沒有錯，但是不能因為名利而忘了最初那顆真心。沒有任何一個有錢人，可偉大到不需要朋友。

生活周遭常常可見一種人，可能稍微有點權勢、財富，就目中無人，總認爲自己享有優勢，做任何事都要求特權。殊不知，許多人看在眼裡、笑在心裡，根本不當一回事。

在這個物質的社會，或許有錢眞的能使鬼推磨，但是金錢絕對無法買到眞感情。一個人要讓人打從心底尊重、敬佩，讓人喜於親近、交往，不是靠存款簿裡的數字就能衡量的。

美國著名《財富》雜誌，曾經在封面上登過一位年僅十九歲的年輕人的照片。這號特殊的人物名叫詹森．斯維斯彭，一家知名網站的擁有者。他在投資者的資助下製作一個名叫「心想事成」的網站，才剛推出就受到熱烈的歡迎。

短短的幾個月內，這個網頁的訪客人數達到九百萬人次之多，詹森．斯維斯彭成爲家戶喻曉的名人，讓人驚嘆道：「難道他會是下一個比爾．蓋茲？」

詹森在網站上收益了上億美元的資金，成爲美國年輕網路新貴的一員。因此陷入成功的狂妄中，認爲自己有非凡的能力，能辦到一切事情。

當時，許多人認爲這絕不是狂言，因爲以他的年齡，成就甚至超過了當年的比爾．蓋茲。有不少預言家也斷定他必定會累積巨大的財富，成爲類似於比爾．蓋茲那樣能影響全球的人物。

不久，美國許多金融家主動提供他貸款，給予巨大的財力支持，他的公司很快就上市，財富的累積像雪球一樣增大，從原來的一億美元擴增到二十六億美元，簡直就是一個財富神話。

他成了美女、媒體追逐的對象，不僅和世界級名模約會，也和大量的媒體接觸，甚至準備拍一部記錄他創業過程的電影。他的生活過得極盡奢華，短短的時間就花去了三．二四億美元。

不久，美國股市風雲突變，詹森公司的股票從原來的一百六十八美元狂跌到二美元，公司宣告破產。

僅僅兩年後，他又變回一個身無分文的普通人。那些曾經和他熱戀的模特兒以及如同蒼蠅一樣追逐他的媒體全部不見了。

詹森四處籌款準備東山再起，這時他才眞正感受到，原來借錢竟然如此困難，沒有任何一家公司或金融機構願意借錢給他。

最後，他從叔叔那裡借到了錢，又註冊了一個網站，只是風光已經不再。

詹森說：「經過這些事，我終於明白了，金錢只認得金錢。它不會認得人。以前我失敗的原因是，我總認爲金錢是認得我的。」

有媒體評價說：「這位二十歲的年輕人，以後可以成爲一位哲學家。」

得意忘形的人最容易暴起暴落，唯有保持理智，才不致讓自己迷失。

少年得志雖叫人羨慕，可是也讓人擔心。太輕易獲得成就，沒有受過太多挫折，因而趾高氣昂，不懂得謙虛爲懷，很容易步入失敗的陷阱。

在現實的社會中，若以爲擁有金錢和權勢就能掌控生活，最好爲自己的「友情」買一份保險。因爲，眞正的朋友，不是用錢買來的。

追求富裕的人生並沒有錯，但是不能因爲名利而忘了最初那顆眞心。

法國有句諺語這樣說：「沒有任何一個有錢人，可偉大到不需要朋友。」

當你有錢時，身邊也許會有很多朋友環繞，但是否曾經想過，有一天當你沒錢時，這些人還會陪伴在你身邊嗎？

不滿足於現狀，就有無盡希望

珍惜現有的機會，努力發揮，能讓成果豐收。但在豐收的同時，也要考慮到下一步該怎麼走，才能讓這項豐收繼續維持且擴大。

《徒然草》的作者吉田兼好有一句名言：「假若擁有兩枝箭，往往會因依賴第二枝而不在乎第一枝。」

相同的，人們也會因爲擁有第一枝箭，放棄尋找第二枝箭的機會。

不管任何人、任何事，都有一定的「延展性」，但是很多人往往只開發了自己和事情的百分之六、七十，就滿足現狀，不再前進。

其實，只有不滿足於現狀，人生才會有無窮的希望。

有位作家寫過這樣一個頗具啓發的故事：

當時人們都去開山，但他不像別人那樣把石塊砸成石子運到路邊，賣給建造房子的人，而是賣給杭州的花鳥商人，因爲這裡的石頭總是奇形怪狀，他認爲賣重量不如賣造型。五年後，他成爲村上第一個蓋起瓦房的人。

後來，不許開山，只許種樹，這裡便成了果園。每到秋天，漫山遍野的鴨梨招來許多商人，他們把堆積如山的梨子成筐成筐地運往北京和上海，再銷往韓國和日本。這裡的梨，汁濃肉脆，大受歡迎。

就在村裡的人爲鴨梨帶來的小康日子歡呼雀躍時，他賣掉果樹，開始種柳。因爲他發現，來這裡，客人不愁挑不到好梨子，只愁買不到裝梨子的竹筐。五年後，他成爲第一個在城裡買房子的人。

後來，一條鐵路貫穿這個村莊，火車北到北京，南抵九龍。小村因此對外開放，果農也進入水果加工的市場。就在一群人集資辦廠的時候，他在他的土地上砌了一面三米高、百米長的牆。

這牆面向鐵路，兩旁是一望無際的梨園。坐火車經過這兒的人，在欣賞梨花時，會突然看到四個大字：可口可樂。據說，這是五百里山川中唯一的廣告。就憑這面牆，他每年有四萬元的額外收入。

二十世紀九〇年代末期，日本豐田公司亞洲區代表山田信一來華考察。當他坐火車路過這個小村時，聽到這個故事，被主人翁罕見的商業頭腦震驚，立即決定下車尋找這個人。

山田信一找到這個人時，發現他正在自己的店門前，與對面店主吵架。因爲他店裡一套西裝標價八百元時，對面卻標七百五十元；他標價七百五十元，對門就標價七百元。一月下來，他只賣出八套西裝，對門卻批出八百套。

山田信一看到這種情形，非常失望，以爲被講故事的人欺騙了。可是，當山田信一弄清眞相之後，立即決定以百萬年薪聘請他。

因爲對面的那個店也是他的。

是的，那個人利用「比較」銷售手法，藉著人們認爲撿到便宜，不買可惜的心態銷售西裝，不管哪家賣出，獲利的都是同一個人。

就像某家連鎖藥妝店實行「買貴退兩倍差價」的策略，剛開始雖然虧損五十萬，但銷售額成長了百分之三十，也提高顧客來店率。幾年下來，業績由虧轉盈，打下穩定的基礎。

能在經營期間，就看出未來發展性而採取積極行動的人，往往善於應用大腦，適時做改變。見好就換，並不是愚蠢做法，而是比別人早看到下一步，並實行它。這類型的人，成功往往伴隨在他左右。

如果人只懂得抓緊現有的東西不放，日子久了之後，很容易被環境淘汰。

珍惜現有的機會，努力發揮，能讓成果豐收。但在豐收的同時，也要考慮到下一步該怎麼走，才能讓這項豐收繼續維持且擴大。

4.

化恨意為成功的動力

心中懷有怨念不一定是不好的事，
不必急著將它磨滅。
只要那股恨意不會傷害自己和他人，
就讓恨意化為動力。

坦白看法才是有效的解答

把自己的想法正確、真誠地傳達給他人，讓兩個不同的看法融為一體，用心留意對方的感受，很多問題都能迎刃而解。

一個計劃形成的時候，最重要的就是要有人接受、賞識，並且加以支持，這個計劃才有實踐的機會。

但是，並非每一件事都能如此順利，有時可能會因爲一些內在、外在的因素而讓計劃胎死腹中。

不過，即使有再多阻礙計劃發展的原因，只要不放棄希望，針對問題點找出解決之道，必定能有解決的方法。

第二次世界大戰期間，英國首相邱吉爾爲了向美國政府請求一批軍火援助而訪美，但是美國總統羅斯福卻舉棋不定，遲遲無法下決定，邱吉爾因此悶悶不樂地回到旅館。當他將身上的衣服脫光，叼著大菸斗跳進澡盆，準備好好地泡個澡時，羅斯福突然闖了進來。

一位國家元首面對另一位赤身裸體的國家元首，場面自是非常尷尬。

這時候邱吉爾急中生智，不在意地聳聳肩說：「瞧，我這個大英帝國的首相對你可是沒有絲毫的隱瞞啊！」

羅斯福聽了，忍不住捧腹大笑。邱吉爾的機智妙語，不僅掩飾了自己一絲不掛的窘態，還含蓄地表示他在政治立場上也是開誠佈公、毫無隱瞞的。

這不僅恰到好處地打破了僵局、緩和了氣氛，而且贏得了羅斯福的好感和同情，也因此讓會談的情況發生了戲劇性的變化。在下一輪會談中，羅斯福欣然同意英國的請求。

甘迺迪在美國總統任期內，將兄弟博比安排到司法部長的位子上。當時引起了各界的抗議，社會公衆認爲他懷有私心。每個人都等著看甘迺迪如何爲自己辯解，給大家一個合理的解釋。

在記者會上，衆人皆嚴肅地等待甘迺迪發表看法，甘迺迪卻輕鬆地說：「任命博比爲司法部長，我不認爲有什麼不妥之處。」他微笑地停頓了一下，「至少在他個人開業之前，能讓他有點法律經驗。」

正當大家無法完全接受這個說法時，他接著說：「事情是這樣子的，早晨四點鐘，我把頭伸出窗外呼吸新鮮空氣，向四周張望了一下，然後自言自語地說，就任命博比吧！」

甘迺迪發揮了美國式的幽默，坦白地告訴新聞界他是如何做出這項頗具爭議的任命，進而解除了記者們的武裝。

對於猶豫不決的羅斯福，邱吉爾採用「坦蕩蕩」的攻勢，利用毫無掩飾的眞心，化解了羅斯福的疑慮。

而「內舉不避親」的甘迺迪，則用積極、正面的心態，幽默地面對這項決定，而非躲躲藏藏地掩蓋事實。這樣反而更能讓人接受，證明自己所做的並非壞事，只是讓一個「適任」的人擔任其職，不是公器私用。

一味迴避問題只會造成反效果，窮追猛打則讓人退縮。最好的方法是，洞悉他人的眞正心意，加強對方的心理建設，設法讓對方認同且贊成自己的計劃。

在生活上，難免遇到與自己意見不合的聲音，或者得不到別人的認同。若能把自己的想法正確、眞誠地傳達給他人，用自己的觀點影響別人，讓兩個不同的看法融爲一體，並且用心留意對方的感受，很多問題都能迎刃而解。

單純的態度讓人人都幸福

能活在世上就是一件美好的事。少一點「用心」，多一點快樂，想要有幸福的人生，只要有一顆單純的心就能做到。

在喜憨兒的臉上，我們永遠看到愉快的笑容，即使外界質疑相關機構給予他們的薪水過低，是一種剝削的惡劣行爲，但是對他們而言，身爲一個「有用」的人，就是一件快樂的事。然而，他們可能從來不知道，他們憨直的笑容也是許多人快樂的來源。

反觀那些智力正常發育的孩子們，卻缺少了這種無憂快樂的童年，成爲所謂的「問題兒童」。

這些「問題兒童」不一定來自貧苦家庭，其中有許多是出自生活富足、衣食無缺的中上階層。但是，不論是貧苦的「問題兒童」，還是富裕的「問題兒童」，在他們的心中都有著相同的感受——家中缺乏溫暖。

因爲現代社會中龐大的生活壓力，使得許多父母忙得沒有心力和時間去親近、關愛孩子，而造就了許多憂愁的年輕臉龐。

一九二三年的冬天，戴高樂擔任法國陸軍的少校營長時，第三個孩子出生了，但是當時傳來的卻不是希望和歡樂的消息，而是一種無言的痛苦，因爲新生的女兒安娜是個先天缺陷的低能兒。

望著這個不幸的孩子，戴高樂夫婦既悲傷又歉疚，從此他們在安娜身上傾注了加倍的關愛，要讓她感受到人間的溫暖。在兵營裡，戴高樂是不苟言笑、冷峻嚴肅的指揮官，但是回到家，一看見安娜單純的笑容，他就會忘掉自己刻意保持的嚴峻，像個孩子般唱歌、跳舞就爲了逗安娜開心。

也因爲夫婦倆抱持著共同的心願——傾盡全力照顧安娜，讓兩人的感情更加親密。他們小心翼翼地保護著安娜，就怕自己在安娜之前離開人世，使她無所依靠。也由於安娜的殘疾，他們更加同情受疾病折磨的孩子，總是在忙碌之中抽空關懷他們。

一九四六年，戴高樂辭去了職務，開始著手寫回憶錄。在夫婦倆商量下，決定把回憶錄的大部分版稅作爲殘疾兒童基金，基金會以安娜爲名。他們還以基金會的名義設立兒童保育院，戴高樂夫婦感到十分寬慰，他們再也不用擔心自己死後沒有人可以照顧安娜，可以了無牽掛了。

兩年後，安娜因爲肺炎離世，她的遺體安葬在寧靜的科隆貝教堂村。戴高樂握著他妻子的手在她的墓前傷心落淚，默哀了一陣以後，喃喃說道：「現在，她跟別人一樣了……」戴高樂逝世後，人們依據他生前的願望，將墓地簡單地設在安娜的墓旁。從此，這位慈父日日夜夜守護著他的愛女。

如果家中有個「與眾不同」的孩子，通常會增加一對淚流滿面的父母，感嘆老天爲何要給孩子和自己這樣的折磨。

的確，面對這樣的孩子，必須花費更多的心力來照顧。

但是，他們不見得就是「包袱」。只要過適當地引導，他們也有照顧自己生活起居的基本能力。而且，他們天生單純並且不受到世俗的影響，他們沒有心機、與世無爭，長保同樣的笑容，這不也是一種幸福嗎？

就如同工作時必須背負著沉重壓力的戴高樂，安娜的單純反而是他的快樂來源。面對女兒，他可以完全放鬆、眞心相對。

人們都喜歡親近開朗、有溫度的笑臉。就像沐浴在和煦的陽光裡，可以讓人忘卻一整天的疲憊以及生活的煩惱。其實，如果能夠卸下臉上嚴苛的面具，換上一張笑容滿面的臉蛋，就能愉快過日子。

身爲一個人，能活在世上就是件美好的事。每天將愉快寫在臉上，少點「用心」，多點快樂，想要有幸福的人生，只要有顆單純的心就能做到。

唯有精神能夠長存

歷史偉人的精神永存，我們得以藉由那些偉大的精神力量，隨時警惕、鼓勵自己，遇到挫折時，能夠從中尋求安慰。

曾經有個修行者在節目中討論「輪迴」的話題時，這麼說：「東方人死後大都會下地獄。」

當主持人問及原因時，他回答，東方人習慣在人死後拜「腳尾飯」，和燒紙錢、紙樓房、紙汽車等等給往生者。這代表死後「需要」這些東西，因此無法上天堂，因為在天堂是不需要這些的。

是否眞有「輪迴」這件事，在此姑且不論。只是，人本來就是依附著一具臭皮囊過日子，百年之後也只剩下這副空殼，眞正能夠長久留在人們心中的，無疑是逝者的精神。

英國著名作家托馬斯·哈代在一九二八年離開了人世。

爲了緬懷這位傑出的作家對英國文學發展所做的貢獻，人們決定把他葬在舉世聞名的倫敦「詩人角」——西敏寺教堂。

把哈代葬在這裡是再合適不過的，因爲這個教堂裡有「英國詩歌之父」喬叟，以及著名詩人詹森、白朗寧，和小說家狄更斯等一代英國文豪在此長眠。然而，哈代生前的遺願卻交代著，他死後要安葬在自己的故鄉——英格蘭南部的多塞特郡。那裡是他文學創作的源泉，不少作品都是以故鄉爲背景，那裡提供他創作的靈感。

經過一番討論，各執己見的雙方人馬最後終於找出一個他們認爲的最「好方法」：把哈代的遺體安葬在西敏寺教堂，心臟則留在故鄉。

按照計劃，哈代的遺體如期運往倫敦。當多塞特郡的人們要安葬作家那顆寶貴的心臟時，卻發現它竟不翼而飛了。

負責看守心臟的農夫說，他將心臟放在窗台上的一只白色瓷盤裡。但是衆人找遍了每個角落，就是沒有心臟的蹤影。

正當所有人都焦急不已時，一隻花貓跳上窗台，懶洋洋地整理身上的毛，一邊還用腳掌清理嘴邊的食物殘渣。這時候大家才明白，原來，哈代的心臟已進了貓的肚子裡了。

大文豪的心臟，最後竟葬在貓的肚子裡，眞是一件諷刺的事。

喜歡一個人、一件事物，不代表就一定要擁有。例如，追星一族爲了心中的偶像，不惜付出一切，如此狂熱讓人嘆爲觀止，然而爲了表示支持，不考量自己的能力揮霍一切、舉債度日，原本支持偶像的美意落得如此下場，想必也不是支持的對象所樂見的。

量力而爲，精神上的鼓勵，也是一種動人的支持，因爲精神的力量，比外在任何刺激都要強大。

許多歷史偉人在辭世多年後，仍然令人難以忘懷，這就是一種精神永存的表現。我們得以藉由那些偉大的精神力量，隨時警惕、鼓勵自己，遇到挫折時，能夠從中尋求安慰，激勵自己再接再厲。

或許很多人對於未來還是茫然無所知，找不到追尋的目標，若是這樣也不需要感到驚慌，只要謹記著，懷抱著對未來的使命感，就能紮實踏出每一步。

化恨意為成功的動力

心中懷有怨念不一定是不好的事，不必急著將它磨滅。只要那股恨意不會傷害自己和他人，就讓恨意化為動力。

小玉在班上是個不起眼的孩子，成績普通，看不出有什麼可取之處。老師不重視她、同學們看不起她，一致斷言她一定考不上好學校。可是她卻跌破大家的眼鏡，順利考上第一志願。

在不被了解的情況下，她總是一個人默默努力。結果，她打破大家的預言，拼過班上最被看好的同學。

某次她和好友回到母校，遇見昔日當著大家的面侮辱她的老師。不同於其他人對老師的熱絡，她只是冷漠地點頭問候。

事後問她爲何不感激那位老師給她的「激勵」，她回答：「我不認爲有感激的必要。就是因爲對他的那股恨意，才能支持我走到今天。」

《茶花女》的作者亞歷山大．小仲馬，有一位名人父親，也就是法國浪漫主義文豪——大仲馬。

由於小仲馬是大仲馬和一位裁縫女工所生的私生子，一直到小仲馬七歲之前，大仲馬都不願意承認他的身分。後來雖然認了他，但是並不承認小仲馬的母親是自己的妻子。

私生子的身分，讓小仲馬從小吃盡苦頭，也在心靈留下了深刻的傷痕，直接影響他成年後的創作。

起初，小仲馬寄出的稿子經常被退稿。當時大仲馬便要小仲馬在稿件中附上一張紙條，說明他是自己的兒子。

但是小仲馬拒絕了，他告訴大仲馬：「我不想坐在您的肩頭上摘蘋果，那樣摘來的蘋果沒味道。」

不僅如此，小仲馬還取了十幾個不同姓氏的筆名投稿。

一八五八年，小仲馬寫了一齣劇本《私生子》，內容敘述一位有錢人誘惑一個女工，欺騙她的感情。當有錢人得知女工懷孕後，便拋棄了她。後來他的私生子長大後有了名氣，他才想讓兒子認祖歸宗，結果卻遭到兒子的拒絕。

劇本結尾有這樣兩句台詞：

父親：當我們兩個人獨處時，你一定會允許我叫你「兒子」的。

兒子：是的，叔叔！

這兩句台詞充分表達出兒子得知「叔父」就是自己的生父時憤怒的心情。當這部劇本即將公開演出時，劇院老闆找了小仲馬，希望他能去掉這個結尾，改成父子熱烈擁抱的大團圓結局。

小仲馬拒絕了他的要求，並冷冷地說道：「我就是爲了最後這兩句台詞，才寫這個劇本的。」

法國文豪羅曼羅蘭曾經寫道：「一個勇敢而率真的靈魂，能用自己的眼睛關照，用自己的心去愛，用自己的理智去判斷，不做影子，而做人。」

小仲馬將對於父親的不滿，藉由戲劇來傳達。這樣的方式，不但是一種藝術表現，更可以抒發情緒，比起正面衝突，實在好太多了。

曾經體會過心酸的人，才會對人生產生自信。只要爬得起來，明天依舊是燦爛的一天。靠自己的力量走出困境的人，往往可以發現新的世界。

心中懷有怨念不一定是不好的事，不必急著將它磨滅。只要那股恨意不會傷害自己和他人的身心，讓「恨意」化為「動力」又有何不可？

有付出就必定有收穫

與人相處時以和樂、互助為原則，凡事肯付出而不期望回報，人們自然會以他們待人的方式與其互動。

地球是圓的，人與人之間的互動也是圓的，無論我們用何種方式和態度與人相處，對方也會以相同的方式回應。

行善而不求回報的人，反而經常能夠得到意料之外的回饋，這是因果循環的自然定律。

多年前，有兩個貧窮的孩子考進史丹福大學，爲了賺取生活費與學費，他們兩人都開始半工半讀。

有一次，他們想到一個賺錢方法：找一位著名的鋼琴家，提出代辦個人音樂會的企劃，希望從中賺得更多的生活費。

他們找到的這位鋼琴大師是伊格納·帕德魯斯基。帕德魯斯基的經紀人便與兩位年輕人洽談，並提出大師的表演酬勞是二千美元。

雖然這筆錢對這位鋼琴大師來說，是一個相當合理的演出價碼，但是，對這兩個年輕人來說卻無疑是個大數目，如果他們的門票收入不到二千美元，肯定是要虧本了。

最後，兩個信心滿滿的年輕人答應了，他們立刻開始拚命工作，直到音樂會圓滿結束。

整理帳目之後，發現只賺了一千六百美元。

第二天，兩個人懷著忐忑的心情，來到鋼琴大師的家。他們把一千六百美元全部給了帕德魯斯基，還附了一張四百美元的支票，他們允諾很快便會把四百美元還清。

忽然，帕德魯斯基揮手說：「不必了，孩子們。」

只見他把四百美元的支票撕碎，接著把一千六百美元遞給他們，並笑著說：「從這筆錢裡扣除你們的生活費和學費吧！再從剩下的錢裡拿出百分之十作爲你們的酬勞，其餘的才歸我。」

兩個孩子感動地看著鋼琴大師。

經過多年之後，第一次世界大戰結束，帕德魯斯基當上了波蘭的總理，經過戰爭衝擊，國內成千上萬的飢民不斷呼救，身爲總理的他，爲了解決基本民生，四處奔波。

於是，帕德魯斯基找上美國食品與救濟署的署長赫伯特．胡佛，懇請他伸出援手。赫伯特．胡佛接到消息後，毫不猶豫地答應了。

不久，上萬噸食品運送到波蘭，也讓波蘭飢民度過了另一場劫難。

於是，帕德魯斯基總理爲了感謝赫伯特．胡佛，與他相約在巴黎見面，以親自表達謝意。

見面時，赫伯特．胡佛說：「不用謝謝我，因爲我還要謝謝您呢！帕德魯斯基總理，有件事您也許早就忘了，不過我卻忘不了啊！還記得有一年，你幫助的兩位窮大學生嗎？其中一個受惠者，就是我。」

一個有著良善心地的人，面對人生流程中的艱苦與喜樂，都會以平常心加以面對。他們與人相處時更以和樂、互助爲原則，凡事肯付出而不期望回報，人們自然會以他們待人的方式與其互動。

於是，接收恩惠的人，因爲這分眞誠與無所求而倍感壓力，隨時等著回報的機會。而回報的最佳時機，也往往是施捨者最困難的時候，一切是如此自然的律動，奇蹟也是在最自然、最非常的時刻發生。

沒有人不希望得到別人的幫助，沒有人會渴望彼此爭鬥；我們應以性善爲終極目標，讓必須群居的你我，在彼此互助合作的互動中，生活充滿更多美麗的色彩。

你才是自己眞正的支持者

再多的奇蹟都是靠自己創造，沒有人能掌控我們的生存機會，也沒有人能支配你我的命運。

即使得不到別人的支持，別忘了，還有一個永遠守護與支持你的人，那個人就是你自己。

人生只有一分的性格天定，其餘的九分只要我們能勇敢走出去，都會有扭轉乾坤的機會。

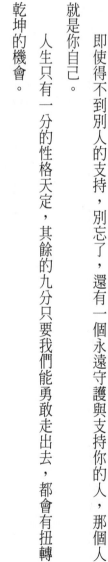

鮑爾斯是十八世紀俄國著名的探險家，在一八九三年時，與瑞典探險家歐文在斯堪地納維亞半島相遇。

他們兩人對極地風光都很感興趣，相偕一同沿著北極圈考察與探險。

他們從瑞典北方出發，身邊帶了三隻狗、兩架雪橇和一張地圖。

如果計劃沒有失誤的話，他們一路向東，一共要走一萬五千多里路，九個月便可完成。

但是，他們卻花了一年又三個月。讓他們失算的原因是，在翻越峻峭的山脈時，歐文不小心摔斷了腿。

歐文激動地說：「沒有鮑爾斯的幫助，我恐怕已葬身山谷。」

分手時，歐文把隨身攜帶的懷錶送給他，並一再地說：「謝謝。」

這時鮑爾斯搖了搖頭說：「你要謝謝的人，是你自己！你以一條腿走過最薄的冰層，是你自己用一條腿翻過最狹窄的山道。總之，在絕境中真正幫助你的人，是你自己，我並沒有提供你真正的支援啊！」

謙虛的鮑爾斯後來寫了一封信給歐文，信中他說：「在探險的路上，記住，你就是你自己的神，只有你能掌握自己的命運，沒有人能支配你，也沒有人能阻擋你走到成功的彼端。」

一九〇二年，歐文來到中國，且獨自一個人進入塔克拉瑪干大沙漠，並成爲第一個活著走出來的探險者。

後來，有人研究他創造奇蹟的原因，許多研究者將它歸結爲歐文口袋中的金幣和一個維吾爾人的幫助。

不過，只要知道歐文和鮑爾斯北極圈那段驚險經歷的人，都會認爲這樣的結論有多膚淺。

我們經常在動物頻道裡，看到正在學習展翅的小鳥，鳥爸爸和鳥媽媽並不會牽著牠們，反而是看著鳥兒一再跌落、展翅，直到牠們能用自己的力量，學會了飛翔，牠們才會跟著幼鳥一起在天空高飛！

如果小鳥們耍賴，不願學習飛翔，那麼牠們永遠只能囚在鳥巢中，等著敵人的侵略。

因爲鳥父母並不會強押著牠們學習，一旦羽翼豐了，便得快速地以自己的力量學會高飛，牠們才能有求生的能力。

人類不也是如此？在遇上險境時，如果只知消極地等待救援，卻不在分秒必爭的黃金時間裡，克服心理恐慌，積極地爲自己尋找逃生的機會，那麼山谷中，便又要多了一個亡魂。

再多的奇蹟都是靠自己創造，沒有人能掌控我們的生存機會，也沒有人能支配你我的命運。

因爲不滿足，才有空間進步

滿足是一種快樂，但是，自欺欺人的「滿足」則是一種消極的逃避行為。唯有正視「不滿」的聲音，才能得到真正的滿足。

有人向一位事業有成的人詢問成功之道，得到了這樣的回答：「成功只有一個秘訣，那就是『發現需要』。」

因爲眞正的好工作都是在「需要」的地方才會出現。

如果一個人別無所求，對於一切都感到滿意，甚至到了自滿的程度，就無法再接受新的事物，自然也不會更進一步。

國王添了一個漂亮的王子，在孩子洗禮的那一天，有十二個仙女受到上帝的指示前來祝賀，每一個仙女都帶來了珍貴的禮物。

第一個仙女帶來的禮物是智慧，國王很高興地收下了。第二個仙女帶來的是珍寶，國王同樣高興地收下了。第三個帶來的是力量，第四個帶來的是財富，第五個帶來的是英俊，第六個帶來的是情感，第七個帶來的是健康，第八個帶來的是朋友，第九個帶來的是愛情，第十個帶來的是知識，第十一個帶來的是關懷，國王都十分高興地一一收下了。

但是到了第十二個仙女的時候，國王楞住了，因爲她帶來的禮物是「不滿」。國王認爲，他的兒子什麼都不缺，要什麼有什麼，怎麼能夠讓他有不滿呢？他毫不猶豫地拒絕了第十二個仙女的禮物，甚至對這位仙女不太客氣。

隨著歲月的流逝，王子漸漸長大，繼承了王位的他英俊漂亮，性情溫和，身體健康。但是，在他的心靈裡，卻沒有那種因爲不滿而想追求未來的雄心大志，沒有因爲不滿而產生企圖建功立業的抱負。

他對於已經擁有的，什麼都滿意。對自己的國家什麼都滿意，對於再平庸的大臣，也沒有什麼不滿的。

他從來都不想著手改革創新，也不想勵精圖治。久而久之，因爲他每一天都活在滿意的狀態中，大臣們也變得不思進取。漸漸地，他的國家窮困沒落了，淪落爲一個落後的國家，不久就被鄰國併吞了。

在他的國家被消滅的時候，老國王還沒死。面對亡國的災難，他突然醒悟，原來他把上帝送給兒子最珍貴的禮物拒絕了。

「不滿」這個禮物對於兒子來說才是最珍貴的。

王子之所以失敗，是因爲他太過「知足」，不認爲生活中有什麼讓自己不滿意的地方。因此，他看不到缺點，聽不到「不滿」的聲音，當然也不想有任何改變，國家自然無法進步，甚至走向滅亡。

因爲「不滿」，才能發現「需要」，它的積極意義就是讓人動腦，思考下一步要怎麼發展。

滿足是一種快樂，但是，自欺欺人的「滿足」則是一種消極的逃避行爲。唯有正視「不滿」的聲音，找出改變的方法，才能得到眞正的滿足。

有「需要」，不代表「不滿足」，反而還是尋求進步的偵測器。透過「不滿」，才會找到可以改善的地方、可以進步的空間。許多成功的行業，不也是起於人們的「不滿」而產生的「需要」嗎？

心有旁騖就容易失誤

心情不好的時候，不但容易遷怒他人，也會影響自己工作的情緒，許多失誤都在此時發生。

小李是個忙碌的上班族，由於剛接下一項企劃案，更是忙得天昏地暗。這時，久未謀面的好友突然打了一通電話，想找小李聚聚。爲了不辜負好友的盛情，小李想盡辦法空出一點時間與朋友見面。

但由於多日睡眠不足，加上滿腦子都是工作的事情，小李在聚會中頻頻打哈欠，還常常不自覺地神遊到工作裡。朋友關心問候時，小李只是沉著臉有點不耐地說沒事。結果這次聚會後，朋友對小李非常不滿，認爲他若不想見面就直說，何必那麼勉強，兩人之間因此產生誤會。

在疲憊不堪或身體狀況不佳的情況下，很容易爲了一點小事就心浮氣躁，這時候最容易發生無心的過錯。

阿凡提的機智聞名鄉里，是個讓人敬佩的智者。有一次，他的一位好朋友因爲替人打抱不平而被縣官捉去坐牢。他整天苦思冥想著該如何營救朋友，完全沒有注意到身邊的大小事。

午後，阿凡提的老婆塞給他一個油碗和一串銅錢，要他幫忙上街去打油。阿凡提手裡拿著錢和碗走出門，一路上還是一直想著那件事，連鄰居和他打招呼都沒有反應。

走進油坊後，他將錢和碗拿給掌櫃，靜靜地在旁邊等待。

掌櫃的把油倒滿了整碗，但還剩下一點再也倒不進去，就問阿凡提打算怎麼做，可是阿凡提完全沒有回應。

掌櫃連問了幾聲都一樣後，乾脆直接走上前推他，再問：「阿凡提，就剩這點兒油怎麼辦呀？」

阿凡提被打斷了思緒，一時心急就把油碗一翻，指著碗底說：「就倒在這個碗裡吧！」人們見阿凡提把油潑了一地，哄然大笑起來，可他仍然傻頭傻腦地指碗底說：「朝這兒倒啊，倒啊！」油坊掌櫃只好忍住笑，把那一點兒油倒進碗底的淺坑裡去。

回到家中，老婆一見不禁愣住了，連忙問他：「怎麼一串錢，只買來這麼一點點的油呀？」

阿凡提答道：「不，這邊還有哩！」說著，他又把油碗翻過來，就這樣連碗底的那一點兒油，也灑掉了。

老婆又氣又好笑地說：「人家稱讚你是世界上最聰明的人，其實你是個天字第一號大傻瓜啊！」

聰明人也會做出十分糊塗的事情，特別是心不在焉的時候。就連阿凡提這樣一個聰明絕頂、自我控制力絕佳的人，都會受到情緒的影響，鬧出笑話來，更何況是普通人呢？

心情不好的時候，很容易將內在不常顯現的一面表現出來。這時候不但容易遷怒他人，也會影響自己工作的情緒，許多失誤都在此時發生。

平常善於掩飾的人不希望被他人發現自己的「脆弱面」，爲了避免這種情況發生，情緒低落的時候，最好減少與他人接觸的時間，免得做出日後後悔的事，造成情緒再次低落。

若因爲私人情緒，讓不自覺浮現的臭臉影響了旁人，即使像小李爲了朋友特地抽出時間的「美意」，也會成爲「惡意」。倒不如說明原委拒絕約會，下次才能帶著輕鬆的心情見面。

用簡單的問候增進人與人的交流

一個簡單的小動作，可以把關懷的感覺傳達到對方心裡，
那股溫暖的心意可能會影響對方一輩子。

曾有個汽水廣告，講述一位年輕人放學回家，直接走過坐在客廳的父親面前，一聲不響地鑽進房間玩線上遊戲。父親一句話也沒說，只是起身打開電腦。當兒子打敗怪物成功歡呼時，房外也傳來歡呼的聲音，兒子才發現原來並肩作戰的是自己的父親。

含蓄的人不擅長親情間的交流，總是默默付出關心，但是這樣的默默關懷，卻不一定能傳達到對方的心中。有時候，簡單的一句問候，看似微不足道，卻能

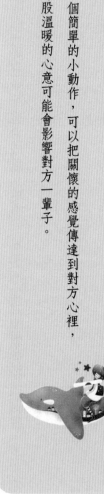

夠溫暖彼此的心。

一名法國工程師漢斯剛結婚不久，就被公司臨時分派到瑞士出差一個月。在機場，他依依不捨地吻別了新婚妻子，就登上飛機離開了。

幾個禮拜後，在耶誕節前幾天，漢斯買好返程機票，匆忙趕到電報局打算發一通電報，告訴妻子自己的返程日期。他擬好電報文，交給一位小姐說道：「請幫我算算總共要多少錢。」

聽到小姐告訴他應付的款項時，漢斯才發覺自己帶的錢不夠。苦惱之餘，就說：「把『親愛的』這幾個字從電報中去掉吧，這樣錢應該就夠了吧。」

「不！」這位小姐打開自己的錢包，掏出錢來對漢斯說：「我來爲『親愛的』這幾個字付錢好了。做妻子的最需要從她們的丈夫那兒聽到這句話。」

英國作家威廉·科貝特一八三〇年曾到到英格蘭北部工業城鎮旅行。

每行經一處，就會有大群工人聞訊前來聽他演講。每次進出會場的時候，無數工人都熱情地搶著和他握手。

第二天，他的雙手就會腫起來，就像被棒子打過一樣。

即便如此，他還是愉快地說：「一想到這是由於工人的粗壯大手握捏而成的，這點痛楚也就變成了最大的快樂！」

日劇和韓劇中時常出現的畫面，就是在外工作一天回家的男主人，在進門時說一聲：「我回來了！」這時候家裡的女主人就會迎上前去，說聲：「你回來啦，今天辛苦啦！累不累……」之類的問候話語。

以前總認爲這樣的問候只是一種形式，且顯得有些男尊女卑。直到有一次，一位一起分租公寓的學姊在畢業前告訴我：「我要說聲謝謝妳！」摸不著頭腦的我不禁疑惑著。

「每天晚上我打工回宿舍，走廊總是一片漆黑。當我說著『我回來了！』時，

只有妳會打開房門跟我打聲招呼。對我而言，那是一天疲憊下來，唯一的欣慰。」那時我才發現，原來自己的小動作會對別人造成那麼大的影響。

說句「親愛的」、「謝謝你」或是一個握手的小動作，雖然簡單，卻可以把關懷的感覺傳達到對方心裡；即使是一句簡單的「我回來了」，也可以讓人與人之間的互動活了起來。

想增進人與人之間的情誼，就不要吝於給予一個小小的問候，在不知不覺中，那股溫暖的心意可能會影響對方一輩子。

5.

每個缺點
都有獨特的價值

花點心思，身上的缺點也能變成獨特的優點，
就像藝術家們一般，創作出與眾不同、
完美無缺的驚世之作。

意志力是成功的基礎

困境，對於意志力堅定的人來說，就像石子路上的小石頭，一點也不會造成阻礙；而厄運，則是他們來到桃花源的必經道路。

作家列斯科夫曾說：「自己跟自己作對，誰也沒辦法搭救你。」

一般人往往可以輕易戰勝現實中的敵人，唯獨對自己心中的敵人束手無策。其實，一個人的成功關鍵，並不在於他如何打敗別人，而在於他如何發揮堅韌的意志力，戰勝自己心中的軟弱。

懂得百折不撓的定義，學會化解苦痛的智慧，我們的人生必定會有一個最精采的「活著」。

猶太裔的著名精神分析學家維克多．弗蘭克博士，曾經在納粹集中營裡飽受過凌辱。

在那個只有屠殺和血腥的地方，不可能看見人性和尊嚴，每一個屠夫在槍殺婦女、兒童和老人時，眼睛從來不眨一下。

生活充滿恐懼的弗蘭克，內心自然產生極大的精神壓力，每當看著集中營裡發瘋的人們，他的內心更是飽受煎熬。

幾乎也快失控的弗蘭克，有一天便告訴自己：「如果我不再控制好自己的精神，我也要陷入精神失常的厄運。」

這天，弗蘭克隨著長長的隊伍，來到集中營的工地中。行進過程中，他不斷地產生幻覺，一會兒想著「晚上恐怕不能活著回來」，一會兒想著：「今天能吃到晚餐嗎？」

工作一半，當鞋帶斷了，他又擔心這其中是不是有什麼預兆。

思緒非常混亂的弗蘭克，幾乎要失控了，內心充滿不安的他，對生活與生命開始產生厭倦。

爲了鎮定心智，弗蘭克讓自己不斷地冥想。

他開始想像自己正處在一個明亮而寬敞的教室中，並且正精神飽滿地對台下的聽衆發表演說。

當他閉上眼時，忽然感覺到一陣舒暢，臉上也慢慢地浮現了笑容，那是弗蘭克久違的笑容。此時，他高興地告訴自己：「太好了，我不會死在集中營，我一定能夠活著走出去。」

後來，當他眞的從集中營走出來的時候，朋友們看到他的模樣，都感到非常驚訝，因爲，在弗蘭克的臉上完全沒有受過煎熬的痕跡，反而全身都散發著年輕活力。

人生當中的每個困局，都有著正面的意義。

遭遇困境、挫折的時候，不妨放下負面的執念和自怨自艾的情緒，提醒自己用敏銳的觀察力與柔軟的心去面對，試著調整自己的態度，尋找其他出路。

像維克多·弗蘭克一樣，讓自己的生命之眼變得更爲寬廣，我們才能看見自己充滿希望的未來，也才能用堅定的意志力，讓自己面對每一個難關之時都越挫越勇。

困境，對於意志力堅定的人來說，就像石子路上的小石頭，一點也不會造成行進的阻礙。

而厄運，則是他們來到桃花源的必經道路，因爲他們知道，只要自己充滿勇氣勇敢穿過，便能來到成功的花圃。

成功，一點也不難

聆聽別人辛苦的成功過程，並沒有多大的意義，你沒有親身經歷過，又如何能知道，原來辛苦的過程，只不過是比別人多走兩步路，多跌一次跤而已呢？

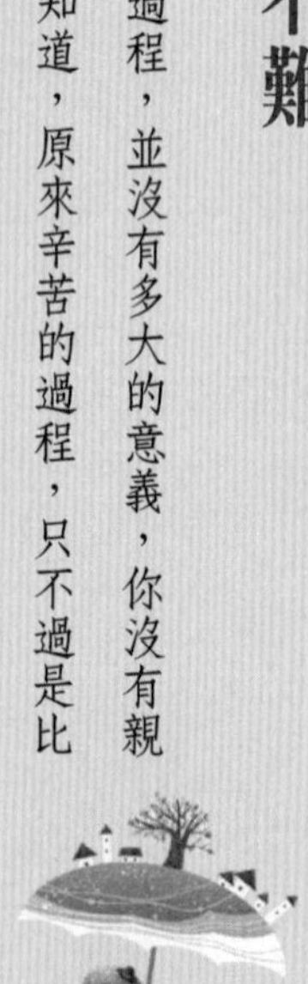

很多時候，只要懂得轉換念頭，就會讓自己充滿信心，發現許多看似困難的事，其實並不值得煩憂；你的心也會因爲這個轉念，變得堅強成熟。

每一條成功的路只適於一個人，即使路上留下前人的成功足跡，也沒有人的雙腳能完全吻合地踏上。

成功不像你想的那麼難，只要有勇氣，一切沒問題。

有一位在康橋大學主修心理學的韓國留學生，每天下午茶的時間，都會和一些成功人士品茗、聊天。

在這些成功者的身上，總是散發著幽默風趣，重要的是他們對於自己的成就，都看得非常淡泊、自然。

在長時間相處之後，這位韓籍留學生發現，自己一直被國內的成功人士欺騙，那些人爲了讓即將投入創業的人知難而退，個個都誇大了創業的艱難，用自己成功的經歷，嚇唬那些還沒開始的新手。

這個韓國學生決定，要針對所有的成功人士做一分心理研究。

後來，他把「成功不像你想的那麼難」的畢業論文，交給經濟心理學的創始人威爾．布雷登教授。

教授在閱讀完後，非常驚喜，他認爲這是一個新發現，因爲這在當時並沒有人著手研究，而這個理論確實是世界各地普遍存在的現象。

布雷登在驚喜之餘，便寫信給他的校友，一位在當時韓國政界具有舉足輕重的人物——後來當上總統的朴正熙。

在信中他推薦道：「雖然我不能保證這部著作對你有多大的幫助，不過我敢保證它比任何發佈的政令都振奮人心。」

沒想到這本書果然伴隨著韓國的經濟，一塊兒起飛！

那位韓國留學生的新觀念，更鼓舞許多人大膽創業，勇敢走向屬於自己的成功大道。

他以一個全新的觀察和客觀的分析角度教導人們：「成功與勞苦沒有必然的關係，只要你對某件事物感興趣，心甘情願地長久堅持，就一定會成功，因為這個過程會讓你重新啟動智慧，讓你有足夠的能力與時間，圓滿地完成夢想目標。」

當然，這位青年自己最後也獲得了成功，輕鬆地坐上了韓國起亞汽車公司的總裁之位。

歌德說過：「不管你能做什麼，現在請開始做吧！」

我們都有自己的路要走，想要成功，也是如此，因爲人的獨特性，即使邁向相同的目標，所經歷的路徑也不盡相同，走的步伐和印下的足跡也不會是一模一樣的。

所以，聆聽別人辛苦的成功過程，並沒有多大的意義；正所謂「如人飲水冷暖自知」，你沒有親身經歷過，又如何能知道，原來辛苦的過程，只不過是比別人多走兩步路，多跌一次跤而已呢？

每一小步都能創造奇蹟

因為害怕，讓我們失去多少奇蹟的發生？隨時都要有挑戰的勇氣，只要自己有克服的意願，沒有什麼事是不能成功的。

一步一步往自己設定的目標前進，如此，每一步都能創造奇蹟！

不要畏懼前面的道路有什麼艱難，多給自己多一點信心和勇氣，展開實際行動，永遠比一大堆紙上作業重要。

每個人獲得成功的那一秒，事實上，都是經由無數億個秒針走動、累積，最後才達成的。

一九八三年，伯森．漢克徒手攀上紐約的帝國大廈，不僅創造了新的世界紀錄，也贏得了「蜘蛛人」的封號。

美國懼高症康復協會得知這項消息，立即致電「蜘蛛人」，要聘請漢克做康復協會的顧問。

伯森．漢克接到聘書時，立即回電給該協會的主席諾曼斯，請他查一查第一〇四二號會員。

這位會員的資料很快地被查了出來，他的名字就叫伯森．漢克，原來他們要聘來擔任顧問的「蜘蛛人」，本身就是一位懼高症的患者。

諾曼斯知道這個事實後非常驚訝，因爲一般的懼高症者，只要一站上陽台，即使只有一樓高，心跳也會加速，然而伯森．漢克居然能夠徒手攀上四百多米高的大樓。

諾曼斯決定要親自拜訪這位創造奇蹟的蜘蛛人。

諾曼斯來到漢克居住於費城郊外的住所，正巧遇上一個慶祝會，現場有十幾位記者正圍著一位老太太拍照。

這位老太太是伯森．漢克的曾祖母，她爲了慶祝漢克的紀錄，特別從一百公里外的慕拉斯堡，徒步走到這裡。

沒想到，老奶奶這個單純的舉動，無意間也創造了另一項「老人徒步百里」的世界紀錄。

這時，一位《紐約時報》記者問她：「當妳開始徒步走來的時候，有沒有任何放棄的念頭？」

高齡九十四歲的老奶奶精神抖擻地說：「小夥子，雖然以我這把年紀，要一口氣跑完一百公里需要很大的勇氣與耐力，但是『走一步』路就不需要太多勇氣與耐力了，只要我走一步，停一步，再走一步，一步步地接上，那麼這一百公里不就完成了嗎？」

懼高症康復協會的主席諾曼斯，登時明白了伯森．漢克登上帝國大廈的秘訣，正是那「一步」登天的勇氣。

席勒曾經寫道：「所謂人生就是一場夢幻，唯有適時改變心境的人，才能做出各式各樣的美夢。」

人生過程中，那些橫擺在我們眼前的逆境與困境，其實都是心境造成的；很多時候，不是環境限制了我們，而是我們用負面思維囚禁了自己，不敢邁開大步走自己想走的道路。

因爲害怕，讓我們失去多少奇蹟的發生？

我們要像漢克的曾祖母一樣，隨時都要有挑戰的勇氣，只要自己有克服的意願，沒有什麼事是不能成功的。

只要像老奶奶一樣，不放棄，一步一步地累積起來，即使要付出比別人多的時間和精力來到終點，我們一樣都是「成功之士」，更不會錯過任何贏得掌聲的機會。

每個缺點都有獨特的價值

花點心思，身上的缺點也能變成獨特的優點，就像藝術家們一般，創作出與眾不同、完美無缺的驚世之作。

要如何看待眼前的事物，其實並沒有標準答案，因爲這牽涉一個人的性格、切入角度與處事態度。不過，如果你想比別人擁有更多機會，那麼，就一定要試著發掘事物的獨特價值。

只要有進取心，我們都能從失敗的領域中，發現到達成功的途徑；只要有自信心，我們身上的每一個缺陷，也都可以成爲與衆不同的優點。

從三宅一生的創作特點上來思考，他的「共同創作」與「失敗哲學」，非常

值得我們學習。

有個人特地前赴日本，請教服裝設計大師三宅一生，如何設計出獨具一格的服裝款式。

三宅大師提出兩個很有意思的重點。

一是，他認爲自己所設計的服飾，其實只完成了「部分」，而其餘的創作空間，則是留給穿衣服的人去完成。

他解釋說：「這樣一來，顧客才能穿出自己的風格，並使得同一件衣服，在不同人的身上能有不同的變化，而且，以這樣的概念設計出來的服裝，也不容易失敗。」

第二點則是，當他在選擇布料時，會請布廠提供設計、印染或紡織失敗的布料，三宅一生便從這些「失敗」的布料中，找到泉湧般的靈感，設計出最具獨創性與美感的作品。

正是因爲這兩個重點，三宅一生所設計的服裝總是獨一無二，能夠引領世界的潮流。

在藝術家的眼中，任何事物都是創作的最好材料，不管是一塊枯木，或是一堆殘破的布料，對他們而言都是最具生命力的事物，在他們的手中都將化腐朽爲神奇。

朽木也能精雕，更何況是我們？只要多花點心思，每個人身上的缺點也能變成獨特的優點，就像藝術家們一般，順著曲折的木頭或坑坑巴巴的石塊，創作出與衆不同、完美無缺的驚世之作。

用不同的心境面對環境，人生就會產生各種可能；你會擁有什麼未來，完全在於你用什麼心態面對現在。

每個人都要有一項最出色的能力

只要能盡情發揮自己唯一的天分與能力，自然就能把自己生命最好的部分呈現出來。

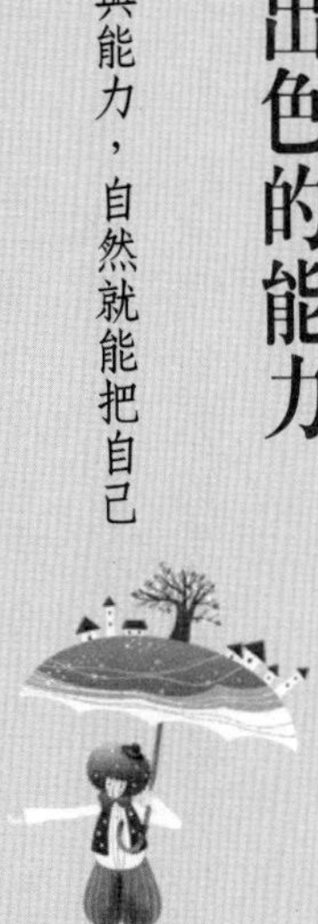

美國著名的心理學家威廉・詹姆斯曾說，一般人只發揮了本身百分之十的潛在能力。他強調說：「每個人只醒了一半，對身心兩方面的能力，只使用了很小的一部分。」

人具有各種各樣的能力，但往往欠缺信心，不懂得怎麼利用。

其實，天生我材必有用，每個人至少都會有一個天生的強項。

某一年，德國一家電視台推出一個新節目，用極爲優渥的獎金徵選「十秒鐘驚險鏡頭」。許多新聞工作者趨之若鶩，最後獲得冠軍的作品是一個取名爲「臥倒」的畫面，掌鏡者只是一位剛入行的年輕人。

幾個星期後，這個十秒鐘的作品在電視台的黃金時段播出。

當天晚上，幾乎所有的德國人都守在電視機的前面，準備仔細觀看這個冠軍作品究竟好在哪裡，大家從等待、好奇到議論紛紛，最後每個人的眼裡都泛起了淚光。

這個畫面是，一個火車站上，有一個扳道工正走向自己的崗位，爲即將到來的火車扳動道岔。就在這時，他無意間回過頭一看，發現自己的兒子正在鐵軌的另一端玩耍，而那個位置是正要進站的火車，準備行駛的軌道。

完全沒有時間可以猶豫的父親，在那一刹那間必須救兒子，也必須扳道才能避免一場災難。

就在那一刻，他威嚴地朝著兒子大喊：「臥倒！」

在叫喊的同時，他衝過去扳動火車的道岔。

在那千鈞一髮之際，火車進入了預定的軌道，而另一邊的火車也呼嘯而過，然而，兩個列車上的旅客卻完全不知道，他們的生命險些消失在瞬間，更不知道，當他們乘坐的火車轟鳴而過之時，有個小生命正臥倒在鐵軌邊，而且毫髮未傷。

這一幕剛好被一位經過的記者看見，並拍攝了下來。

大家看完之後都猜測，這位扳道工人一定是位非常優秀的人才。

直到記者再次登門拜訪後才知道，原來這位扳道工只是個平凡的工人，做的是最基層的職務。不過，同事們都誇他忠於職守，每一個動作連一秒都沒有失誤過。

更令人吃驚的是，那個勇敢的小男孩是一個智能不足的孩子。父親對記者說：「其實，我也不知道該怎麼教育他，只是一遍又一遍地告訴他說：『孩子，你長大後能做的事情太少了，所以你必須培養一項最出色的能力！』」

雖然兒子並不懂得父親的話，每天仍然傻呼呼地過日子。但是，在生命攸關的那一秒，他卻能快速地「臥倒」，而這個漂亮的動作，正是他和父親玩打仗遊戲時，唯一聽得懂，並且做得最出色的一個動作。

所謂的天才，多數只有一項最出色的天分，於是如此不凡。

當鏡頭下的喜憨兒，把被訓練出來的「臥倒」動作，出色地表現出來的時候，就明白告訴我們天分也是可以培養的，而且只需要一項最出色的能力。

能力不必多，生命有限，每個人的學習能力也有限，我們沒有辦法把所有的事情都攬在身上。我們要像螞蟻分工一樣，各司其職，各展己長，只要能盡情發揮自己唯一的天分與能力，自然就能像小男孩一樣，把自己生命最好的部分呈現出來。

任何藉口都會讓你前功盡棄

踩在泥濘的道路上，我們得用力地拉起雙腳才能走出泥地，人生之路不也如此？經過辛苦的跋涉之後，才能看見努力累積出來的成果。

阿拉伯有一句諺語：「如果你不想做，就會找到一個藉口；如果只想成功，你就會找到一個方法前進。」

安全舒服、沒有任何困難的生活，無法使人獲得成功。相反的，只有遭逢逆境，願意加以克服的人，方能開創燦爛的前景。

鑑眞和尚剛入空門時，住持要他從最辛苦的行腳僧開始磨練。

有一天，已經日上三竿了，鑑眞和尚仍未起床，住持見狀，便到鑑眞和尚的寢室裡巡視。

當住持推開房門，只見床邊堆了一堆破破爛爛的草鞋，住持叫醒鑑眞：「今天你不出外化緣嗎？床邊堆的這些破草鞋要做什麼呢？」

鑑眞打了哈欠說：「這些是別人一年都穿不破的草鞋，如今我剃度一年多，卻穿破了這麼多鞋，今天我想爲廟裡節省一些鞋。」

住持聽了之後，笑了笑說：「昨夜外頭下了一場雨，你快起來，陪我到寺前走走吧！」

昨夜的一場雨，使寺前的黃土坡變得泥濘不堪。

忽然，住持拍了拍鑑眞的肩膀說：「你是要當個只會撞鐘的和尚，還是想成爲能發揚佛法的名僧？」

鑑眞說：「當然是發揚佛法的名僧啊！」

住持撚鬚一笑，接著說：「你昨天有沒有走過這條路？」

鑑眞說：「當然有！」

住持又問：「那麼你現在找得到自己的腳印嗎？」

鑑眞不解地說：「昨天這裡原本是平坦、堅硬的道路，今天變得如此泥濘，小僧如何能找到自己的腳印？」

住持接著又笑了笑，問他說：「那我們今天在這條路上走一回，你能找到你的腳印嗎？」

鑑眞自信地說：「當然能了！」

住持微笑地拍拍鑑眞的肩膀說：「是啊！只有泥濘的道路才能留下足印啊！只要經過艱苦的跋涉，終有一天會留下痕跡的，一如此刻，我們行走在這片泥地之上，不管走得多遠，足印都會深深地留在泥地裡，印證我們一路走過的價值。」

想完成夢想，便不能有停頓休息的藉口，即使我們都看得見成功的目標，卻沒有人能計算出成功的距離。

付出得再多，沒有站在最後的終點站，我們都沒有時間停頓休息，因爲一停下來，成功的目標將會漂流得更遠，甚至讓別人捷足先登，佔據頂峰，讓我們無法登上夢想的目標。

踩在泥濘的道路上，我們得用力地拉起雙腳才能走出泥地，但也留下深印的足跡，人生之路不也如此？

經過辛苦的跋涉之後，才能看見努力累積出來的成果。

每個人都是最重要的

知道「我很重要」的人，不會有抱怨工作的時候，因為他們絕對嚐不到工作倦怠的滋味，因為他是一個重要的生命個體。

作家湯瑪士．富勒曾經寫道：「自信是突破人生逆境的心靈燃料。」

確實如此，一個缺乏自信的人永遠無法成就任何大事。

上天給人們的機會其實都是均等的，只要充滿自信，隨時提醒自己「每個生命都是珍貴而重要的」，我們就不會錯過任何機運。

第二次世界大戰之後，戰敗國日本的經濟深受影響，不僅失業人口驟增，工廠也紛紛倒閉。

其中，有一家食品公司也面臨這個危機，瀕臨歇業。

但是，沒想到這間公司，卻在幾個月後起死回生。

當時公司準備裁掉三分之一的員工，其中有三個部門將被裁撤，一是清潔部門，一是貨運部門，最後一個是沒有任何技術能力的倉管人員，這三個部門的員工加起來，總共三十多位。

爲了安撫這些被裁退的員工，經理親自找他們來面談，並且詳細說明裁員的原因。沒想到，經過這次面談，卻讓經理聽到員工們的另一種聲音，最後決定不裁員了。

因爲，清潔工說：「我們很重要啊！沒有我們的打掃，工作環境就無法維持清潔與衛生，公司內部也會變得亂七八糟，那麼你們怎麼能夠全心投入工作呢？」

司機則這麼說：「我們非常重要，不能裁啊！這些產品如果沒有我們的運送，怎麼有辦法迅速在市場上鋪貨呢？」

倉管員工也說：「我們更重要了，戰爭剛結束，很多人處於饑餓狀態，如果沒有我們管理分配，這些食品肯定會被流浪街頭的乞丐們偷光！」

經理聽完之後，認爲他們的話很有道理，便召開臨時會議，決定不再裁員，重新制定管理法則。

最後，經理在工廠的入口處，掛了一塊很大的匾額，上面寫著四個字：「我很重要」。

從此以後，每天早上所有的員工進門的第一眼，便是看見「我很重要」這四個大字。

因爲這個「第一眼」的刺激，不管哪個階層的員工，每天都非常賣命地認眞工作，公司也因此以飛快的速度成長，擺脫先前的困境，幾年之後更躍居日本食品市場的第一位。

每天早上醒來的時候，我們要對自己說：「今天是我最重要的一天。」

因爲知道它的重要性，便會小心珍惜，不讓一天的時間隨便浪費，也不會讓自己糊裡糊塗地過完一天；你會在強烈的自我意識下，認眞地運用每一分每一秒，努力地發揮自己的生命活力。

知道「我很重要」的人，不會有抱怨工作的時候，因爲他們絕對嚐不到工作倦怠的滋味，因爲他是一個重要的生命個體，工作、生活與自己都是一體的，堅定的態度使得他們在任何領域中，都是主角。

沒有勝算，就設法拉長戰線

成功，並不意味著不顧一切代價地蠻幹，而是衡量自身的能力，對外在的挑戰進行有效抗爭。

作家賀伯曾經勉勵我們：「雖然你無法改變自己的處境，但是你卻可以改變自己的心境。」

人生總有無可奈何的時刻，當你沒有能力改變自己的處境時，唯一可以改變的就是你的心境。

有一句話說：「留得青山在，不怕沒柴燒。」當正面衝突沒有勝算的時候，避開鋒頭可能會是比較好的方法。

有些人背脊剛硬，事事不肯屈服，很容易讓對手產生除之而後快的敵意。背脊骨一旦被打斷，人也活不久，動不了了。這種時候，不妨轉換念頭：只要能比對手活得久，就能得到另一種成功。

在惡政統治時期，埃格爾先生的家門口來了一名特務。特務手上持有一份文件，表示這座城的新任統治者賦予他權力，只要他的腳踏進哪一棟房子，那棟住宅就合法歸他所有；凡是他要什麼食物，那樣食物就得屬於他；他需要哪個人幫手，那個人就得聽他使喚。

就這樣，那名特務成功地進駐到埃格爾先生的家裡，埃格爾先生不僅必須爲他準備食物，提供他換洗衣物，還要服侍他睡下。

那名特務在入睡之前問埃格爾：「你願意服侍我嗎？」

埃格爾沒有說話，只是幫他蓋上被子、趕走蒼蠅，在他房門口守衛。

這樣的日子，埃格爾過了七年，七年裡，他一句話也不說。

七年後，成天吃飽睡、睡飽吃的特務，醒來後除了發號施令以外什麼都不做，不只成了一個大胖子，最後還因病一命嗚呼。

就在那一天，埃格爾先生將那個胖死在床上的特務以被子包裹，丟出屋外，然後將整棟屋裡的上上下下全都刷洗乾淨，連牆壁都重新粉刷過一遍。

就在一切全都整理完畢之後，他坐在沙發上，輕輕嘆了一口氣，而後堅定地說：「不，我不願意。」

在時勢所逼的情況下，沒有本事逞英雄的人，暫時忍氣吞聲、忍辱負重，是爲自己留下活路的可行方法。

就好像故事裡的埃格爾先生，他選擇忍下一切的怒氣，只求讓自己保有一線生機，雖然身體被奴役，但至少精神是自由的。當那名特務命亡，他就得以重新得回他自己的一切。

我們不知道生命裡的難關會在何時出現，也不知道會是什麼樣的難關讓我們難過且痛苦，但是，有一件事是確實知道的，那就是撐過了眼前的難關，就能夠緩解身體與心靈的壓力，獲得喘息的空間。

美國激勵作家威廉．丹佛曾說：「有勇氣的人並不是沒有恐懼，關鍵在於他戰勝了恐懼，用積極的生活去挑戰恐懼。」

成功，並不意味著不顧一切代價地蠻幹，而是衡量自身的能力，對外在的挑戰進行有效抗爭。

贏的人，經常是支撐得最久的人。沒有勝算，就別正面衝突，不如以時間換取空間，拉長戰線，拖垮敵人戰力，最後便能擁抱成功。

以退爲進能化解尷尬

當對手以激將法，要讓你惱羞成怒時，我們千萬別上當。只有先退一步，看清對手設下的陷阱，我們才能安全地繼續前進。

天底下只有一個方法，可以提振自己的情緒，化解眼前的尷尬或障礙。那就是勇敢面對問題。或許，一開始你的心裡會緊張，但是，只要勇於面對，你就會發現，其實情況並沒自己想的那麼糟。

遇見爲難與尷尬的場面，不要畏縮，不妨先退讓一步，雙方取得諒解之後，再繼續前進。

沈從文二十六歲那年，被聘請到中國公學校任教。

這位只唸過小學的大文豪，作品充滿飄逸的靈氣，具有天生的創作才情，作品一發表總會震動文壇，當時他在上海已經闖出不小的名氣。

但是，名氣與膽量不一定成正比。在他第一次走上講台時，教室內除了該班學生，還擠滿許多慕名而來的旁聽生。

教室裡安靜無聲，每個人都期待大作家的第一句話。

沒想到沈從文此刻卻完全不出聲，靜靜地站在講台上約十分鐘。

終於，在他吐了口氣之後，正式開始上課。

不過，原本整整的一堂課，沈從文上了十分鐘就結束了，當然下課鐘聲也還沒響起。這時，他拿起粉筆，在黑板上寫下：「今天是我第一次上課，人實在很多，所以我有點害怕。」

當句點劃下的那一刻，教室內響起掌聲與笑聲，因爲他的誠懇、憨直，惹得學生更加的喜愛與憐惜。

胡適知道這件事後，對於沈從文的坦言與率直，更是讚譽有加，他相信沈老師一定能勝任這分工作。

面對尷尬，有人喜歡以自嘲解套，有人則會以謙卑退守，這些方法皆可行，但是千萬不要無止境地退縮下去。

故事中，沈從文誠實地把自己的窘態說出來，反而更能讓人感受文人的率真。當他放開師長的面子，退一步與學生溝通的同時，其實他是進一步縮短溝通的距離，讓同學感受到他的真誠與親和力。

延伸到生活中，當對手以激將法，要讓你惱羞成怒時，我們千萬別上當。只有先退一步，看清對手設下的陷阱，我們才能安全地繼續前進。

6.

只要不放棄，所有的苦難都會過去

如果低頭認輸，
只會讓自己永遠成為生命中的逃兵。
別再害怕，別再猶豫，
如果「一切都會過去」，
還有什麼大不了的事情嗎？

失敗的價值比成功更可貴

別害怕失敗，它帶來的果實不亞於成功的價值。只要能從失敗中尋找成功的啟示，在挫折中成長，就能成為下一個贏家。

有些人走「狗屎運」，賺了十萬塊，就沾沾自喜，以爲運用同樣的方法，就能財源滾滾而來，忘了每一個收穫都必須付出相同的努力，只有不斷求進步的態度，才能往目標邁進。

換個角度想，失敗的經驗也是同樣的寶貴。只要能冷靜地面對眼前的困境，只要能從失敗中記取教訓，檢討過後找出新的出路，就算損失一百萬，也能獲得十億元的啓示。

羅森沃德於一八六二年出生於德國一個猶太人家庭，少年時隨家人移居美國，定居在伊利諾州斯普林菲爾德市。

羅森沃德的家境並不好，爲了維持生活，中學畢業後就到紐約的服裝店打工。他骨子裡有著猶太人艱苦奮鬥的精神，確信凡人都有出頭之日，只要選定目標，堅持不懈地往目標邁進，成功就會降臨。

「我要當一個服裝店老闆。」這是羅森沃德的奮鬥目標。爲了實現這個目標，工作時他留心學習，注意時尚動態，也不斷蒐集商業知識，閱讀相關書刊，主動向學充實自己。

到了一八八四年，他認爲自己小有經驗且存了一些本錢，決定自己開設服裝店。他的商店生意很差，經營了一年多，把多年辛苦積蓄的血汗錢全部賠光了，只好關門停業。

之後，羅森沃德垂頭喪氣地離開紐約，回伊利諾州去。

羅森沃德反覆思考自己失敗的原因，找出了緣由：服裝是人們的生活必需品，但也是一種裝飾品，既要實用，又要新穎，才能滿足客戶的需求。他經營的服裝店，不但沒有自己的特色，也沒有任何新意，再加上商店未建立起商譽，沒有銷售管道，難怪會失敗。

針對自己出師不利的原因，羅森沃德決心改進，進入服裝設計學校學習，也一邊進行服裝市場考察，特別針對世界各國時裝進行研究。

一年之後，他對服裝設計很有心得，對市場行情也看得較清楚，決定重振旗鼓。他向朋友借了幾百塊美元，先在芝加哥開設一間只有十多平方公尺的服裝加工區，除了展示他親自設計的新款服飾圖樣外，還可以根據顧客的需求對已定型的服飾改進，甚至完全照顧客的口述要求重新設計服飾。

因爲他的服裝設計款式多，新穎精美，再加上靈活經營，很快得到客戶的欣賞，生意十分興旺。兩年後，他把自己的服裝加工店擴大了數十倍，改爲服裝公司，大量生產各種時裝。

從此，他的財源廣進，聲名鵲起，成爲美國最大的百貨公司——西爾斯婁巴

克公司的大股東，同時也躍爲美國二十世紀商界風雲人物。

每一位成功人士，都是經歷不少失敗和挫折，才走向成功之路。很多人都曾經踏上這條艱辛的路，可是遭遇困難的時候卻不能沉著冷靜地面對，因而未能走到終點的，仍佔多數。

失敗雖然讓人難過，但是若因此喪志，就成爲眞正的「失敗者」了！

別害怕失敗，它帶來的果實不亞於成功的價值。

任何事做過了，都會有回報，只要能從失敗中尋找成功的啓示，在挫折中成長，就能成爲下一個贏家。

遭遇失敗，不一定就是壞事，不如換個角度看待，誠如日本商業界前輩原安三郎說的：「運用賺十萬塊的經驗，不見得能賺一億元，但損失一百萬元的經驗，卻能獲得賺十億元的啟示。」

只要不放棄，所有的苦難都會過去

如果低頭認輸，只會讓自己永遠成為生命中的逃兵。別再害怕、別再猶豫，如果「一切都會過去」，還有什麼大不了的事情嗎？

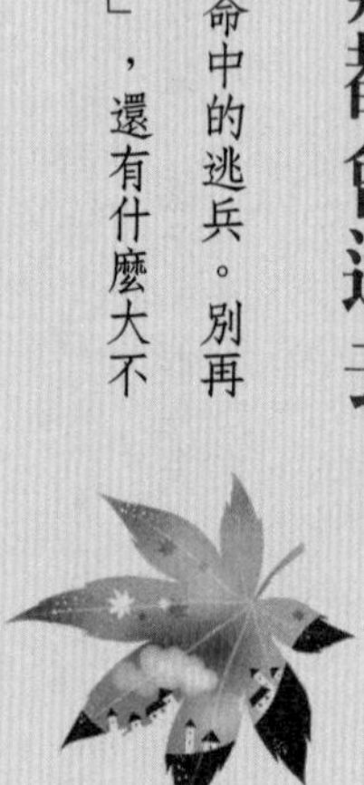

不管面對任何問題，只有「即使到了最後關頭，也絕不輕言放棄」的精神，才能面對一切挑戰。

如果一開始就喪失鬥志，後面就沒戲唱了。就像一個認定比賽已經輸定的運動員，腳步都已經放慢了，更不用期待奇蹟出現，反敗爲勝。

既然結果都一樣，第一名和最後一名都會跑到終點，何不在最後那段路程，用盡全力衝刺，不讓自己留下遺憾呢？

古希臘有一位國王擁有至高無上的權勢和享用不盡的榮華富貴，但並不快樂。他雖然可以主宰全國人民，卻無法操控自己的情緒，常常出現莫名其妙的焦慮和憂鬱，讓他悶悶不樂、寢食難安。

於是，他召來當時最負盛名的智者蘇菲，要求他找出一句人間最有哲理的箴言，這句話必須濃縮人生智慧，要有一語驚心的效果。蘇菲答應了國王，條件是國王必須將佩戴的那枚戒指交給他。

幾天後，蘇菲將戒指還給國王，再三告誡他，非到萬不得已，別輕易取出戒指上鑲嵌的寶石，否則就不靈驗了。

沒多久，鄰國大舉入侵，國王率部下拼死抵抗，但最後整個城邦還是淪陷於敵人手中，國王只好亡命天涯。

有一天，爲了逃避敵兵的搜捕，他藏身在河邊的茅草叢中，當他掬水解渴時，看到自己的倒影，不禁傷心欲絕。誰能相信這個蓬頭垢面、衣衫襤褸的人，是曾經氣宇軒昂、威風凜凜的國王呢？

就在他掩面哭泣，打算投河輕生之際看到了戒指，迫不及待挖下上面的寶石，只見裡面側刻著一句話：「一切都會過去！」

頓時，國王的心頭重新燃起希望的火花。

從那刻起，他忍辱負重、臥薪嚐膽，重整舊部屬，等待東山再起。最後終於趕走外敵，贏回了王國。

當他再一次返回王宮，做的第一件事便是將「一切都會過去」這句六字箴言，刻在象徵王位的寶座上。

後來，他被譽爲最有智慧的國王，名留青史。

人生是快樂或痛苦，關鍵就在看待生活的態度，只要學會輕鬆、正面地對待，就可以讓自己的人生更加精采。生命中的失敗、挫折，人際間的摩擦、齟齬，都只是一時，如果你選擇面帶微笑，就能替自己創造更開闊的道路。

人會絕望，是因爲失去挑戰的勇氣；人會退縮，是因爲不想前進的惰性；人會猶豫，是想替放棄找一個搪塞的藉口。

人會害怕，更是因爲方寸大亂，認不清「未知的未來」，不知即將面對的是怎樣的情景。但是，如果因爲這些「理由」就低頭認輸，只會讓自己永遠成爲生命中的逃兵。

別再害怕、別再猶豫，如果「一切都會過去」，還有什麼大不了的事情嗎？何不靜下心來想想如何突破眼前的困境？

十九世紀的英國首相狄斯雷利說：「絕望，是愚者的結論。」

遇到困境，最需要的就是冷靜，只要相信「再糟，一切都會過去」，就能放下遲疑和猶豫的心，毫不退縮向前進！

人與人相處，以誠意爲基礎

人與人之間的相處之道，其實真的很簡單，你以誠意待人，別人就以誠意待你，如此而已。

最擅長做生意的生意人，不是只曉得從顧客的口袋裡挖錢的人，而是懂得和顧客交朋友的人。

前者爲了賺錢，可能什麼事都做得出來，不管是哄抬價錢或是降低品質，唯一的目的就是提高自己的利潤。但是，如此做法，一旦顧客覺得自己被欺騙、被欺負、被壓榨，就絕對不可能再上門光顧。

沒有人想當一再受騙的二百五，也沒有人喜歡被當成笨蛋看待。

一個懂得和顧客交朋友的人，才是眞正能夠永續經營的人。一旦深獲顧客的信賴，回流率與推介率也會相對增加。不爭眼前的蠅頭小利，建立與顧客之間的良好情感連結，自然有綿延不絕的巨大商機。

在美國喬治頓市有一家服裝店，店裡有位女店員名叫布拉姆頓，就深明「爲顧客設想」的道理。

比方說，有一天服裝店裡來了一位年輕女子，一進門就說：「我想買一件最炫、最搶眼的禮服，一定要讓甘迺迪中心廣場前的每個人，看到我連眼珠子都要掉出來！」

布拉姆頓聽了，以專業誠懇的態度對那名女子說：「沒問題，我們店裡有全市最炫、最擅長的禮服。不過，那些衣服是爲沒有自信心的人而準備的。」

那名女子立刻皺眉，說：「妳這話什麼意思？」

布拉姆頓不慌不忙地回答：「您不知道嗎？一般來說，人會想要穿這樣的服裝，多半是用來掩飾他們的自信心不足。」

女子聽了布拉姆頓的解釋並沒有展露笑顏，反而怒吼：「哼！我可不是缺乏自信心的人！」

布拉姆頓說：「請您別急著生氣，不管您要什麼樣的衣服，我都能幫您找到，但是您何不想想，您爲什麼唯有穿這樣的衣服到甘迺迪中心廣場去，才能讓衆人的眼珠子掉出來？難道您不能不靠衣服而靠自身的美好特質去吸引人嗎？依我看，您的氣質和風度都顯示出您擁有美好的內涵，爲何要用華而不實的衣服遮掩起來呢？難道您眞的不在乎當旁人停下腳步來看您時，看到的只是您的衣服而不是您本身嗎？」

那名女子咬著唇摸著衣料，思索了好一陣子，終於開口說：「是啊，妳說的對，我幹嘛要花大筆錢，只爲了買別人一句『妳的衣服好漂亮』的評語？謝謝妳給我的建議，那我今天就不買了。」

旁人或許覺得布拉姆頓是個呆頭鵝，沒事把生意往門外推，平白錯失一個賺錢的好機會，但是，布拉姆頓並不這麼認爲，她反而覺得能夠把最恰當的衣服賣給最適合穿的人，才是做生意最重要的原則。

事實證明，布拉姆頓是對的，因爲服裝店並沒有因爲她的「不願賺錢」而關門，反而生意越來越好。有許多被她推出門的客戶，最後都又回來找她，因爲他們知道布拉姆頓將會給予最恰當的服裝建議，不會硬推銷他們買一大堆根本派不上用場、穿不出效果的衣服，此外，他們也都願意介紹親朋好友來光顧布拉姆頓的店。

英國教育學者洛克認爲：「了解的目的有二：一是增加我們本身的知識；二是使我們能將那知識傳給別人。」

布拉姆頓的知識，不是用來佔人便宜的，而是要拿來與人誠意交往的。這種做法讓她不違背自己的良心，同時也塑造出更專業的形象，使她更值得人信任。人與人之間的相處之道，其實眞的很簡單，你以誠意待人，別人就以誠意待你，如此而已。

用對方法，效果最大

要受到他人的賞識，就必須幫對方找出「非你不可」的理由。有敏銳眼光，觀察對方的需求，再進一步行動，就能輕易達到目的。

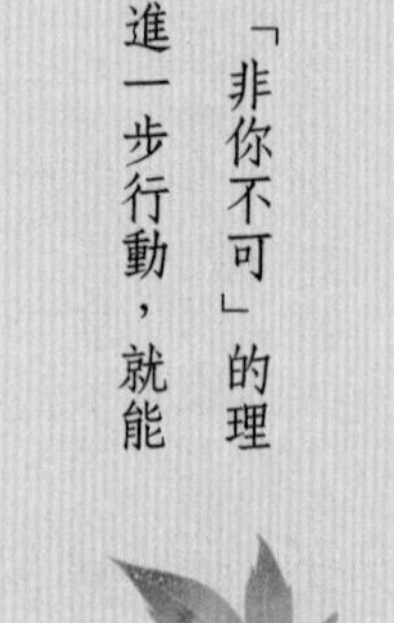

推銷員在推銷東西時，常見的說辭就是：「賣你這個東西，我也沒賺多少錢。最主要是這個東西很好，對你非常有幫助，不買眞的很可惜。」

推銷東西的最高境界，就是讓一個沒有購買慾的人聽完你的說明後，會興起非買不可的念頭。

人生也是如此，做事的時候必須用對方法，才能讓效果達到最大。如果你在事業、工作或生活上遇到瓶頸，那麼就必須冷靜想出解決的辦法。

冷靜是突破困境的最高智慧，可以讓自己頭腦清醒，不至於進退失據、患得患失；看看以下這個眞實故事，或許對你有所幫助。

美國費城西區有兩家敵對的商店，一家叫做紐約貿易商店，另一家叫美洲貿易商店。兩家店並列在一起，是只有一牆之隔的鄰居，老闆卻是死對頭，常常展開價格競爭之戰。

例如，紐約貿易商店的窗口上掛出「出售愛爾蘭亞麻被單，被單質料上乘、完美無缺，價格低廉，每床七美元」時，美洲貿易商店的窗口就會出現「人們應該睜大眼睛，本店床單世界一流，定價只要六美元」。

他們經常爲了彼此降價競爭而走出商店，站在門口互相咒罵，有時甚至大打出手。最後總會有一個從競爭中自動退出，大罵另一個老闆是個瘋子，在他店裡買東西的顧客也是瘋子。

人們看完好戲後，紛紛跑到競爭獲勝的商店，高興地買空所有商品。在這一帶，由於他們的競爭，顧客得以買到各式各樣物美價廉的東西。

有一天，其中一位老闆去世了。幾天以後，另一位老闆開始停業清倉，低價賣出所有貨品。不久之後，他搬了家，人們再也沒有看見他。

大家都搞不懂爲什麼會這樣，直到房子的新主人進行大清掃時，才發現其中的秘密。在這兩位老闆的房子之間有一個秘密通道，能夠通往商店上面同一個房間。後來經過進一步調查，才發現這兩位老闆竟是親兄弟。

原來一切的咒罵、恐嚇和人身攻擊，都是在演戲，所有的價格競爭也是騙人的。只要誰獲得勝利，誰就把兩人的商品一起賣出去。

就這樣，他們的騙局維持了三十多年，始終未被人們發覺，直到其中一人死後才眞相大白。

美國保險界的名人法蘭克．貝特佳曾說：「人之所以購買東西，有兩種動機，一是追求利益，一是對損失的恐懼心。」

確實如此，只要讓客人覺得買下這個東西，有那麼多的好處，不買白不買，通常他們都會乖乖掏出腰包來。

這兩家老闆利用的，就是人們貪小便宜的弱點，引發人們興起一股「不管所買的東西是否需要，先買再說」的心理。

推銷是一門學問，不僅僅用在販賣物品上，還可以用於人生處世上。要讓自己受到他人的賞識，就必須幫對方找出「非你不可」的理由。要做到這一點，除了培養自己的能力外，還得有敏銳眼光，觀察對方的需求，再進一步行動，就能輕易達到目的。

信任，才是最長遠的利潤

生意唯有建立在相互信賴的關係上，才能長久維持，只有公正地對待你的客戶，收取合理的利潤，才是真正的經營之道。

住家附近新開了一家自助餐店，吃了幾次後，就不再前去消費。並非菜色不好、衛生不當，而是「價錢算法」出了問題。

幾次觀察下來，發現老闆算錢並沒有一定的標準，而是隨自己的喜好喊價。他看準一些客人不會斤斤計較，算錢時就獅子大開口。同樣菜色，在會「問價」的客人盤裡，價錢自然也「正常」許多。

「低價買入，高價賣出」是許多生意人公認的賺錢之道，但是，消費者並不是一隻隻笨笨待宰的肥羊。必須記住，信任才是最長遠的利潤。

一群印第安人圍住鎮上一家新開的店鋪，只看不買。因爲好幾次被「白人」欺騙的經驗，他們對白人老闆抱著懷疑的態度。當地的印第安酋長聞聲而來，走進店裡看了看，對店主約翰說：「把你的貨物拿來瞧瞧。嗯，我要給自己買一條毯子，給我的妻子買一塊印花布。」

挑完貨物後，酋長和約翰開始議價，他們說好毯子需要付三塊貂皮，印花布則付一塊貂皮。酋長表示明天再將貂皮帶來交換，就空手回去了。

第二天，酋長背著一個大布袋走進商店，裡面裝的全是貂皮。他將袋子裡的貂皮統統倒在櫃檯上，抽出四塊遞給約翰。稍稍猶豫了一會兒，又抽出第五塊，這是一塊特別珍貴、特別稀有的貂皮，他把它和先前四塊貂皮放在一起。

「已經夠了，」約翰把第五塊貂皮推回去：「你只要給我四塊貂皮，我們昨天就講好了，我只收下我應得的。」

他們爲了該付四塊、五塊貂皮的事推讓了半天。終於，酋長的臉上露出了滿意的神色，把第五塊貂皮放回包袱裡，看了看店主，然後跨出門去。

他走出店家後，就朝著在外面等待的族人喊道：「來吧，來吧，跟他做買賣吧！他不會欺騙我們印第安人的，他不是個貪心的人。」

說罷，酋長又轉身對約翰說：「如果你剛才收下最後一塊貂皮的話，我就會叫他們不要跟你打交道，我們還會趕走其他顧客。但是現在，你已經是我們印第安人的朋友了。」

天黑之前，這家店鋪就堆滿了毛皮，店主約翰的抽屜裡也塞滿了現金。後來，店主成了一個百萬富翁。

有個原住民笑話是這樣講的：「傳教士將聖經交給我們，要我們低頭禱告。當我們再度抬起頭時，擁有了上帝，他們的口袋則有了我們的土地。」

早期擁有權勢的人利用武力或者欺騙的手法，掠奪、侵佔弱勢族群的財產，

歷史上時有所聞。即使是進步的現代社會，類似的事件還是不斷發生，只不過換個面貌，在日常生活中存在。

印第安人雖然不一定知道「貂皮」和「毛毯」的市價高低，但是他們能看出，商人是否有打著「吃定」對方的壞主意。故事中的酋長便藉著「試探」的手法，考驗商家的誠信。

有一句諺語是這樣說的：「好的顧客，過了三年也不會換店；好的店，過了三年也不會換顧客。」

生意唯有建立在相互信賴的關係上，才能長久維持，只有公正地對待你的客戶，收取合理的利潤，才是真正的經營之道。

考慮雙方利益，才能達到雙贏

在做一筆生意時，要考慮買賣雙方都能夠得到的利益。可以看出其中道理的人，才能在人生中成為最大贏家。

在觀光勝地，最常見就是黃色計程車穿梭的影子，和一個個賣力「叫客」的運匠大哥們。通常回程的車都較受歡迎，一來遊客玩了一天，累得不想再跟一堆人擠公車，二來，車資通常較便宜。

司機載客到觀光景點，不管如何都會想辦法到客源多的地點招攬客戶，既然都是一趟車程，若能順道載旅客，就是多賺一筆。因此，削價載客，就成爲一種附加價值。

買賣的原則，就是建立在互惠的原則上。客人選擇較公車昂貴的計程車，是因爲車資比平常划算，坐得又舒服，有賺到的感覺；司機看似虧本，其實也是賺了一筆回程油錢。這就是一筆兩頭雙贏的生意。

造成全球金融風暴的美國猶太銀行雷曼兄弟公司，原本是一家歷史悠久的老字號銀行，在二十世紀末期和二十一世紀初期，有著舉足輕重的地位。可是誰也沒想到，雷曼兄弟的父親只是一個平凡的牛販。

一八四四年，德國維爾茨堡一個牛販的兒子亨利．雷曼移民到了美國，是家族中移居美國的第一代。亨利．雷曼先在南方做了一段時間長途販運的行商之後，就與隨後移居美國的兩個弟弟伊曼紐爾和邁那一起在阿拉巴馬定居下來，成爲一個雜貨商。

棉花是阿拉巴馬最主要的農作物，也是大宗棉花的產區。農民手裡多的是棉花，但是常缺現錢，他們寧可用棉花交換日用雜貨，也不願拿出爲數不多的現金。

許多雜貨商不願意使用這種交易方法，常常拒客戶於門外。

只有雷曼兄弟不同，他們對這種交易方式特別感興趣，積極鼓勵農民以棉花代替貨幣，恢復古老「以物易物」的習俗。也因此，雷曼兄弟的生意特別好，得到許多農民的光顧。

並非雷曼兄弟不懂得做生意的原理，他們只是清楚捉住客戶心理，利用這樣的方法搭配其他條件來做買賣。以棉花交換的買賣方式，不僅容易吸引那些手上沒有現金的顧客擴大銷售量，在以物易物並處於主動地位的情況下，也有利於操縱棉花的交易價格。

此外，經營日用雜貨本來就需要進貨運輸，趁空車進貨之際，順便把棉花送往外地販賣，不僅省下了一筆運輸費，還順道做一筆棉花買賣的生意。

這種經營方式，用雷曼家族自己的話來表述，叫做「一筆生意，兩頭盈利」，是他們歷久不變的經商之道。

就這樣，過沒有多久，雷曼兄弟便由雜貨商變成了經營大宗棉花交易的商人，棉花典當是他們的主要業務，後來更於一八八七年成爲果菜類農產品、棉花、油

料代辦商。

雷曼兄弟也藉此走上了大規模發展的道路，成爲知名銀行的創辦人。

日本江戶末期的農業家二宮尊德說過：「所有買賣的設計，都是為了買、賣雙方高興；如果只是賣者高興，買者不高興，並非買賣之道。」

過去，買賣被認爲以賣方爲主，只須考慮利潤。但是就買方而言，因爲這項商品而得到利益，才是買賣的眞意。

雷曼兄弟在艱辛的創業過程中，冷靜地看出「兩頭盈利」之道，既給農民「方便」，也從這項「方便」中，另外開闢棉花市場。若當初只有單純經營雜貨買賣，最多只能成爲有錢人，不可能成爲富翁。

在做一筆生意時，要考慮買賣雙方都能夠得到的利益，可以看出其中道理的人，才能在人生中成爲最大贏家。

唯有冷靜才能突破困境

能夠對付恐慌的最好方法，就是冷靜面對，「冷靜」的目的，就是幫助人平靜在慌亂中急著找出答案的心情。

普勞圖斯曾說：「泰然自若是應付困境的最好辦法。」

其實，人在身處困境時，適應環境的能力最爲驚人，因此身處困境的時候，更應該保持冷靜，從容面對不利自己的情勢，如此才能突破原本僵困危急的局面，幫助自己度過難關。

很多意外發生後，再去檢討過程時會發現，有很多事情是可以避免的。就像發生火災時，在可以控制的情況下趕緊用滅火器撲滅，或者通知消防隊，都可以避免一場大災難。

可是，人們遇到危機時，常常會失去應有的判斷力，因爲害怕而陷入混亂之中。可能忘了要逃跑，愣在當場看著火勢蔓延；或者是太過害怕驚慌，導致全身無力，癱軟在地。這時候最重要的，就是「冷靜」下來。唯有「冷靜」，才能讓大腦正常運作，找出最適合的應對方法。

只要冷靜，小人物也能立大功，就如同以下故事中的美國小兵。

二次大戰期間，一艘美國驅逐艦停泊在某國的港灣，那天晚上萬里無雲，明月高照，海上一片寧靜。一名士兵按照慣例巡視全艦時，突然停步站立不動——他看到一個烏黑的大東西在不遠處的水上浮動著。

仔細一瞧，他的臉色馬上變了，原來那是一枚觸發式水雷，可能是從某處水雷區脫離出來的，正隨著退潮的水流慢慢向艦身中央漂過來。

士兵抓起艦內通訊電話機，通知了值日官，值日官評估狀況後，馬上通知艦長，並且發出全艦戒備訊號，才短短幾分鐘，全員已經在甲板上集合完畢。所有官兵們都緊張注視著那枚慢慢漂近的水雷，大家都知道眼前的狀況非常危急，災難即將來臨。

官兵們立刻提出各種辦法，是該起錨快速開走，還是發動引擎使水雷漂移開？結果都行不通，一來沒有足夠時間，二來螺旋槳轉動只會使水雷更快地漂向艦身。以槍砲引發水雷也不行，因爲那枚水雷太接近艦裡面的彈藥庫，很容易引爆火藥。放下一艘小艇，利用長桿把水雷攔走也不行，因爲那是一枚觸發式水雷，一碰即爆，連拆下水雷雷管的時間也來不及。

悲劇似乎是沒有辦法避免了。有一名水兵一直沒有說話，冷靜地站在旁邊思索著。突然，這名水兵想出一個更好的辦法。

「把消防水管拿來。」他大喊著。

大家立刻明白他的用意，他們向艦艇和水雷之間的海面上噴水，製造出另一條水流，把水雷帶向遠方，然後再用艦砲引爆水雷。

一場危機就這樣化解了。那一名解除危機的水兵，正是因爲冷靜觀察情況、

評估所有可能性後，才能夠做出最正確的決定。

美國第三十二任總統羅斯福曾經說過：「我們唯一該怕的是：『恐慌心理』。」對付恐慌的最好方法，就是冷靜面對。

當事情危及生命，或者影響大局時，會緊張是正常的。

但是，在緊張的時候卻不能亂下決定，任何一個錯誤的決定都可能讓事情演變成無法挽回的情況。

有時候急著找出答案，反而會忽略重要細節。「冷靜」的目的，就是幫助人平靜在慌亂中急著找出答案的心情。

英國有句諺語說：「處順境時必須謹慎，處困境時必須冷靜。」

的確，在困境中保持冷靜是所有成功人士必備的智慧，一個卓越不凡的人，最大的優點就是遇到不利自己的困境時，能夠讓自己頭腦清醒，百折不撓地冷靜應對，靠著過人的腦力沉著化解。

信譽，是無法買賣的財富

有些人會輕易用「人格」做保證，卻沒有做到該做的事。別因為一時的貪婪或方便，毀掉先前努力建立起的口碑。

友人曾經在買東西付錢時，被商家硬是多賺了一百塊。原本標價三百九的外套，私下被奇異筆劃掉，改成四百九。她再也不光顧這家店，並警告所有的親朋好友，這個店主人做生意不老實。

有一句話這樣說：「因不善販賣而經商失敗的人不多，失敗的原因大都在於缺乏自我管理規則。」

因爲一百塊毀了自己的信譽，損失之大，絕對是業者當初沒有想到的。只看

得到眼前利益，而沒有長遠打算的人，很難眞正致富。

有一對夫妻經營一家燒酒店維生。

丈夫是個老實人，待人眞誠又熱情，他的燒酒都是親手製造，絲毫不馬虎。他的酒又香又醇，酒店生意興隆，常常供不應求。

看到生意這麼好，夫妻倆便決定再添置一台燒酒設備，擴大生產規模，增加酒的產量。一來可以滿足顧客需求，二來可以擴大營業、增加收入，致富的夢想才能早點實現。

於是丈夫準備外出購買設備，臨行之前，仔細囑咐妻子一定要善待每一位顧客，誠實經營，凡事忍讓些，別和顧客發生衝突。

一個禮拜以後，丈夫外出歸來。妻子一見丈夫，按捺不住內心的激動，神秘兮兮地對他說：「這幾天，終於讓我摸索出做生意的秘訣，像你那樣的方法是永遠也發不了財的。」

丈夫一臉愕然，不解地說道：「做生意靠的是信譽，我們家燒的酒好，賣的量足，價錢又合理，所以大夥才願意買咱家的酒，除此之外，還能有什麼秘訣嗎？」

妻子聽後，用手指著丈夫的頭，自作聰明地說：「你這個木頭腦袋，眞是不知變通，現在誰還像你這樣做生意！你知道嗎？這幾天我賺的錢比過去一個月賺的還多，秘訣就是，我在酒裡加了水。」

丈夫一聽，胸口都快氣炸了，他沒想到，妻子竟然會往酒裡加水，這種坑騙顧客的行爲，必定會把他們苦心經營的酒店招牌給砸了。

從那以後，儘管丈夫想了許多辦法，竭力挽回酒店信譽，生意仍然日漸冷清，因爲「酒裡加水」這件事還是被顧客發現了。

過沒多久，他們的燒酒店，只能關門結束營業。

常常可以聽到很多物品大賣後，就發生偷工減料的情況，這個消息傳開後，

生意通常也隨著傳聞一落千丈。

商場上，什麼東西都可以用錢買賣，唯獨「信譽」無法用金錢衡量，那是靠長久經營，用心對待客戶累積而來的。但是，偏偏有些人只看得到眼前利益，忽略了「信譽」的重要性。

經營人生和做生意也是同樣的道理。一個人的人格、人品是很珍貴的，有些人會輕易用「人格」做保證，獲取他人的信任後，卻沒有做到該做的事，讓自己冠上一個不好的名聲。

千萬別因爲一時的貪婪或方便，毀掉先前努力建立起的口碑。

用錢有腦子，才不會受宰制

別因為「沒錢」的理由，讓自己活得不快樂，該存就存、該花則花，才算真正享受金錢人生。

省吃簡用，一心一意希望用「積少成多」的方式增加財富的人，看到那些揮霍無度，用金錢追求享樂的人的行爲，都會非常痛心。後者看到前者這種「恐怖」的節儉法，也只會搖頭嘲笑。

大多數的人是這兩種人的綜合版，但還是會有幾個極端的案例出現。

對生活的滿意度，不是用金錢來衡量，沒有定律說明沒錢就不能滿足，有錢就會幸福。賺錢的目的是爲了追求快樂生活，如果賺錢不能爲你帶來快樂，再多的錢也沒有用處。

正確使用金錢方法的基本要件，就是讓收入與支出達成平衡狀態，該用則用、該省則省。過之與不及，只會爲生活帶來壓力，得不到快樂。

有一位信徒對默仙禪師說：「我的妻子很貪婪而且吝嗇，對於佈施行善的事情非常排斥，就連平常家用也一樣，連一點錢財也捨不得拿出來。請師父您大發慈悲，到我家中向妻子開示一番，行些善事好嗎？」

默仙禪師是個豪爽之人，一口答應信徒要求。

默仙禪師來到信徒家中時，信徒的妻子出來迎接，卻連一杯茶水都捨不得端出來給禪師喝。禪師不以爲意，握著一個拳頭，笑了笑說：「夫人，妳看我的手，如果天天都是這樣，妳會有什麼感覺呢？」

信徒的妻子見狀，回答說：「如果手天天都是這個樣子，就是有毛病了，那是一種畸形啊！」

默仙禪師說：「對，這個樣子是畸形！」

接著，默仙禪師用力把五指伸直，手掌開得大大地，再問：「假如手掌天天這個樣子呢？」

信徒的妻子又說：「這個樣子也是畸形啊！」

默仙禪師趁機開示道：「不錯，這兩種情況都是畸形。同樣的，錢如果只知道貪取，不知道布施，就是畸形。錢只知道花用，不知道儲蓄，也是畸形。錢要流通，要能進能出，要量入爲出，才是眞正的用財之道。」

握著拳頭暗示過於吝嗇，張開手掌則表示過於慷慨。

信徒的妻子在默仙禪師這樣一個生動的比喻下，對做人處事、經濟觀念，以及用財之道，豁然領悟了。

住家隔壁有個和信徒的妻子一模一樣的長輩，吝嗇與小氣的個性人人皆知。她的家境稱得上小康，卻讓自己和子女的生活過得比一般家庭還不如，寒酸的三

餐讓全家人都營養不良，個個毛病一堆，最後還得花上一大筆醫療費。這就是一個極端吝嗇，不懂得運用金錢的血淋淋教訓。

至於對門的一家人，則恰恰相反。一家三口買了四台車，每輛都是B開頭，聽說最近還要添購第五台。如果能力可以負擔也沒話說，可是他們卻是刷卡分期付款買車。除此之外，沒有自家車位的他們，還將車子長期停放在附近住家的出入口，造成街坊鄰居怨聲連連。看著他們每個月爲了付那龐大的車貸而傷透腦筋，實在好笑又可悲。

這兩種運用金錢的方式，都是一種畸形。

金錢，可以是「資產」，也可以是「負債」，就看如何去運用。如果老是覺得錢不夠用，必須搞清楚，是眞的不夠用，還是慾望太多。

別因爲「沒錢」的理由，讓自己活得不快樂。將「存款」和「用錢」分清楚，該存就存、該花則花，才算眞正享受金錢人生。

7.

能夠忍耐，便沒有阻礙

一個人的忍耐功力，往往是成敗的關鍵。
別低估自己所能承受的忍耐力，
這是一個人生命中最有價值的資本。

換個心情思索自己的處境

與其為別人的差別待遇忿忿不平，何妨換個心情思索自己的處境，藉由外在的尖刻來磨礪自己?這會比漫無目標地胡亂衝撞來得更有意義。

我們不能說這是個狗眼看人低的世界，但是，很多時候，人的外在條件、身分地位，確實會影響旁人的態度。

遇到勢利的人，你該怎麼辦？一味指責對方、要求別人改變，要是別人不改、不動，你又能如何？

與其如此，還不如花費心力去增強厚植自身的實力。讓自己成爲目光的焦點，別人自然會反過來依從你的想法。

美國汽車大王亨利．福特曾經感嘆地說，自己之所以能有如此成就，全是起因於一家餐館裡的際遇。

當時，他還只是個修車工人，有一回領了薪水，興致勃勃地打算到當地一家他觀望了很久的高級餐廳吃飯，想要好好慰勞自己一番。

想不到自己在餐廳裡呆坐了近十五分鐘，沒有半個服務生過來招呼他。最後，總算有一位服務生走過來問他是不是要點菜。

亨利連忙點頭稱是，服務生接下來一句話也不吭，不耐煩地將菜單粗魯地丟在他的桌上。

亨利忍住氣打開菜單，才看了幾行，耳邊就傳來服務生輕蔑的聲音：「不用看得太仔細，反正你只要看右邊就好了（印有價格的部分），至於左邊的（只印有菜色菜名的部分）你就不用費事去看了。」

亨利忍不住抬起頭來，目光正好迎視到服務生的眼神，他清楚地看見對方臉上寫滿了不屑。

這種情況立刻讓他的憤怒打從心底湧出，當下第一個反應，就是想要點最貴的大餐，給那個服務生一點顏色瞧瞧。

不過，他很快就打消這個念頭了，因為想起口袋裡那份微薄的薪水，不得已，咬咬牙，還是只點了一份漢堡。

服務生從鼻孔「哼」了一聲，態度傲慢地收回了亨利手中的菜單，嘴巴雖然沒有再多說些什麼，但是臉上的表情清楚地讓亨利明白，他早知道這個窮小子只吃得起漢堡罷了。

服務生離開之後不久，餐點總算上桌。亨利並沒有因為花錢還受氣的緣故而繼續惱恨，他反而一邊吃一邊冷靜下來思考，為什麼自己總是只能點最便宜的食物，而不能點真正想吃的大餐。

從此，亨利立下志願，期許自己一定要成為社會中的頂尖人物。

果然，他從一位平凡的修車工人，變成了叱吒美國車壇的風雲人物，改寫了汽車界的歷史。

面對同樣的問題，你會怎麼處理？又有何種感想？

必定有些人會痛批那名服務生態度傷人，也有些人認爲這樣的餐廳不值得去，或者號召更多受辱顧客向他們討回公道。這樣的想法都是在檢討別人，希望別人做出改變，但別人眞的會改變嗎？亨利．福特不同，他決定省思自己，因爲只要自己夠強壯，那麼再大的風波都撼動不了。

社會上形形色色的人都有，我們沒有辦法要求每一個人都順從我們心意，只能形塑自己，讓自己發揮影響力。

法國思想家阿魯貝德認爲：「人不應該將不幸歸咎於環境，應該學習重新鍛鍊自己的意志，並確認自己此後應走的路。」

與其爲別人的差別待遇忿忿不平，何妨換個心情思索自己的處境，藉由外在的尖刻來磨礪自己？這會比漫無目標地胡亂衝撞來得更有意義。

不受表相影響，才能靠近眞相

事實就像拼圖，人們看到的只是拼圖的一角，並非全部。
我們更該注意且提醒自己：「表相並不代表真相。」

我們每天都會從媒體上接收到許多資訊，其中有正確的，也有錯誤的。因此，看到某張照片、聽到某段話，千萬不要認爲：「事情就是這樣子，錯不了！」千萬不要讓表面現象蒙騙了。

好比瞎子摸象，每一個人所說的感覺都是「對」的，但是大象卻不單單只像蛇、牆壁或柱子。

人們總認爲自己很客觀，用眼睛和耳朵去看去聽，用鼻子、皮膚去聞去感受，可是卻很少能分辨出，感覺出來的「事實」背後的「眞相」。

有時候，事實並非眞如想像的那樣！

英格麗．波曼十八歲那年參加皇家戲劇學校的考試。輪到她上台表演時，英格麗毫不緊張，認眞演出精心準備的作品，努力呈現最好的那一面。

就在演出的過程中，她的眼神從觀衆席上轉到評審身上，在那短短的一瞥中，令她大失所望。

她看到評審們個個漫不經心，時而聊天，時而說笑、比劃著，一點也沒有用心注意她的表演。

她絕望極了，認爲自己一定表演得很差，才引不起評審的興趣。到最後，失落的她甚至連後面的台詞也差點忘掉了。

突然，她聽到評審們說：「好了好了，謝謝妳，小姐！下一個……」英格麗腦海裡一片空白，才表演到一半就被趕下台，她的世界一下子混亂，眼眶也因爲淚水漸漸模糊了。

離開試場後，她來到一條小河邊，難過地望著水面上的倒影，覺得自己再也活不下去。她想在那裡結束自己的生命，但因爲河水太髒，臭氣薰天，動搖輕生的念頭。沒想到，第二天，她就收到皇家戲劇學校的錄取通知書。

若干年後，英格麗．波曼與那幾位評審們巧遇，對他們說起當年的情景，大家聽到都瞪大眼睛驚訝萬分。

其中一位評審立刻告訴英格麗：「眞是天大的誤會。那天妳一上台，我們就一致認爲妳中選了。妳是那麼的有自信，這是表演者最重要的特質，我們都很欣賞妳的台風。我當場對另外幾個評審說：『好了，別浪費時間了，就是她了！可以叫下一位上台了。』」

當你懊惱著自己怎麼這麼倒楣的時候，情況或許沒你想的那麼糟。

英格麗．波曼看到的，是評審散漫的行爲，是對自己的一種否定。沒想到他

們所說的，卻是對自己的讚賞。如果當時英格麗就因爲這樣做出不理智的行爲，豈不是帶著遺憾離開人世？

事實就像拼圖，我們看到的只是拼圖的一角，並非全部。只看到部分事實，就譴責、定罪他人，而造成傷害的例子太多了。所以我們更該注意且提醒自己：「表相並不代表眞相。」

風箏在高空中看似靜止，其實它正不斷被風狂吹、被線拉扯；天鵝在水面上看似靜止、姿態優雅，水面下的雙蹼卻必須不斷地擺動。無論看到什麼現象，都要客觀冷靜，用點心去觀察背後的眞相，別太快妄下斷語。

讓每一天都是最好的傑作

從今天開始，學習伍登在每天睡前的激勵法，告訴自己：「我今天表現得最好，明天也會如此，後天也是，永遠都是！」

有位哲人勸誡我們：「把今天視為生命的最後一天來生活！」這不是悲觀消極的想法，而是要我們以更樂觀的態度，積極地經營自己生命中的每一天。

想把生活變得更有意義，就不能做「言語上的巨人，行動上的侏儒」，必須鞭策自己採取行動，以實際的做法讓每一天都是生命中的傑作。

伍登是美國有史以來，最成功的籃球教練，同時他也是一位充分運用「自我暗示」的力量，讓自己成功的佼佼者。

當伍登還是個小男孩的時候，他的父親便時常對他說：「讓每一天都成爲你的最佳傑作！」

伍登時時刻刻都記著父親留給他的這句話，不管颳風或下雨，這句話讓伍登的每一天都充滿了活力，而且沒有一天例外。

即使是生病了，在他的臉上仍然看不出一點病態，全身上下永遠充滿了活力的色彩！

伍登在加州大學洛杉磯分校擔任籃球教練時，十二年之內總共榮獲了十次的全國冠軍。

當人們問他如何創造這樣輝煌的戰果時，伍登回答說：「我和我的球員，每天都會經歷一個『自我暗示』的過程，而且十二年來從不間斷。」

「什麼叫自我暗示？」人們好奇地問。

伍登說：「每天晚上睡覺之前，我都會對自己說：『我今天表現得最好，明天也會如此，後天也是，永遠都是！』」

人們訝異地問：「只是這樣而已嗎？」

伍登接著用斬釘截鐵地口吻，對著他們說：「讓每一天成爲你的最佳傑作，這就是最有效的成功方法。」

伍登運用自我暗示的方法，每天不斷地激發自己的潛能，這也正是許多心理專家一再強調的「潛意識」。

「每一天」都是伍登的最佳傑作，因爲在每一天的開始，潛意識便會釋放出「我今天一定會表現得非常好」的能量，讓伍登能夠樂觀而自信地經營每一個「今天」。

樂觀與積極是自我暗示最重要的導引，只要相信自己，就沒有什麼事是不可能的，就能扭轉逆境；只要相信自己，就能夠充滿勇氣地把雙腳跨出去，機會隨時都將現身迎接。

從今天開始，學習伍登在每天睡前的激勵法，告訴自己：「我今天表現得最好，明天也會如此，後天也是，永遠都是！」

薩帕林娜曾說：「只有不斷地追求探索，永遠不滿足於已取得的成績的人，生活才是美滿的、有價值的。」

把今天視爲生命的最後一天，爲了完成那些未完成的夢想，讓我們一起積極地開始吧！

能夠忍耐，便沒有阻礙

一個人的忍耐功力，往往是成敗的關鍵。別低估自己所能承受的忍耐力，這是一個人生命中最有價值的資本。

當蚊子「嗡、嗡、嗡」地在耳邊飛上飛下時，相信多數人會停下手邊的工作，全身充滿殺氣，爲的就是將蚊子一掌解決掉。

蚊子尚好解決，若對象換成人、工作、噪音……時，又該怎麼辦？總不能一遇到麻煩事，就怒氣纏身，非得殺個片甲不留不可。

你是否曾經因爲壓力、煩惱，讓自己恨不得當個什麼都看不見、聽不到的人？即使如此，問題還是不能解決，該面對、該處理、該負責的事情也不會消失。此時，又該怎麼辦呢？

有時候，人生就是需要「忍耐」來支持自己走下去。

有一個年輕人脾氣不但暴躁而且易怒，常常和別人打架，很多人都不喜歡他。有一天，他無意中遊蕩到大德寺，碰巧聽到一休禪師正在說法，聽完後深受感動，發誓痛改前非。

他對一休禪師說：「師父，我以後再也不跟人家打架、起口角了，免得人家看了我就討厭。就算是別人往我臉上吐口水，我也要忍下怒火，耐心擦去，默默地承受對方的不敬。」

禪師聽了年輕人的話，笑著說：「何必擦呢？就讓唾沫自行乾了吧。」

年輕人聽了有些驚訝，問禪師：「怎麼可能不把別人的唾沫擦掉呢？爲什麼要這樣忍受啊？」

一休禪師回答說：「這沒有什麼能不能忍受的！你就把它當作蚊蟲停在臉上，

不值得開口罵它或打它，即使被別人吐了唾沫，也不是什麼大不了的侮辱，就微笑地接受吧！」

年輕人勉強接受，但馬上又問：「如果對方不是吐口水，而是用拳頭打過來時，又要怎麼辦呢？就這樣站著讓他打嗎？」

一休禪師回答：「不都一樣嘛！根本不用太在意，只不過是一拳而已。」

年輕人聽了，認爲一休禪師說得實在太過誇張，頓時怒火上升，終於忍耐不住，突然舉起拳頭，朝著一休禪師的頭猛力揮了一拳，並問他：「和尚，你說現在該怎麼辦？」

一休禪師非常關切地說：「我的頭硬得像石頭，沒什麼感覺。倒是你的手，大概打痛了吧？」

年輕人當場楞在那裡，再也無話可說了。

嚐遍人間一切心酸冷暖的法國作家巴爾札克曾經如此說過：「忍耐，是支持工作的資本之一。」

遇到不如己意的事，忍耐並不是退縮、懦弱的表現，只是用平常心去面對人生一些不平的境遇。

讓這些無理之人、惱人之事困擾著自己，和這些「考驗」起口角、暴衝突，其實都是不值得的。

韓信能忍胯下之辱，才有日後的成就。若當時的他忍不下一口氣，和人起爭執，大概已經英年早逝了。

一個人的忍耐功力，往往是成敗的關鍵。別低估自己所能承受的忍耐力，這是一個人生命中最有價值的資本。

與其責備，不如給未來一個機會

事後的責備並不會改變現狀，倒不如想想未來該怎麼做，讓每個在過去受傷、失落的心靈，都能平和的面對未來。

「早知道你考不上大學，當初就應該逼你唸高職……」

類似的責備，常出現在許多父母與子女之間，造成親情失和的狀況。在父母的心裡，對子女總是抱著很大的期許，就算失敗了，也會盡量幫助他們。

可是，正因爲期望越大失望就越大，一時情緒之下的責備，反而造成子女日後的心理傷害。尤其心靈不夠成熟的孩子，之後有好的成就出現時，也不會諒解父母當年責備的言語。

蓋爾和簡在大學時認識，不僅是同學，也是很好的朋友。

簡的父母，懷特夫婦共有六個孩子，三男三女。因爲其中一個女孩早年夭折，剩下的五個孩子非常珍惜彼此之間的感情。簡的家人都非常熱情，將蓋爾當作親戚般對待。

有一年夏天，蓋爾、簡及兩人的姊妹計劃一次長途汽車旅行。簡和他妹妹莎拉有多年駕駛經驗，蓋爾的妹妹艾美剛滿十六歲，獲得駕照不久，可以在旅途中偶爾小試身手，讓她非常興奮。

莎拉、簡和蓋爾輪流駕車，到人煙稀少的地方時，就讓艾美練習開車。通過南加利弗尼亞時，正好是由艾美駕車。

開到一個十字路口，艾美沒有注意到前方亮起的紅燈，快速闖過去，結果與一輛大拖車相撞，造成簡當場死亡，莎拉頭部受傷，艾美腿骨骨折，蓋爾只有擦破一點皮。

蓋爾非常悲傷，不知道該如何告知懷特夫婦簡的死訊，自己失去一個摯友，已經感到無比心痛，懷特夫婦失去的卻是一個孩子，對他們來說，這將是何等殘忍啊！

懷特夫婦接到電話，立刻趕到醫院。他們緊緊擁抱住蓋爾和艾美，內心悲喜交加。悲的是，他們失去一個孩子，喜的是，他們還有四個孩子活著。懷特夫婦擦乾蓋爾臉上的淚滴，開始與他們談笑。

這使蓋爾很震驚，懷特夫婦完全沒有指責和抱怨。蓋爾問懷特夫婦爲什麼沒有教訓艾美，因爲簡死於她闖紅燈造成的車禍。

懷特夫人說：「簡離開了，我們都非常想念他。可是，不論我們再如何抱怨，都不能讓簡回來。艾美還有很長的人生道路要走下去。如果我們責怪艾美，讓她背負死亡的包袱，她又怎能擁有一個完整、健康和美好的未來呢？」

懷特夫婦的做法完全正確，艾美在大學畢業不久後，成爲一名特教老師，幫助智障兒童學習成長。後來，艾美的兒子取名爲「簡」。

一味活在過去，不懂得活在當下開創未來的人，是最愚不可及的。無論過去如何不堪回首，畢竟都已經過去了，又何必讓自己和別人陷溺其中？

事情發生後，適度的檢討可以避免重蹈覆轍，幫助自己成長。至於事後的「責備」，不但無濟於事，反而會造成更多的傷害。

我們無法改變過去，更無法挽回已逝的生命。失去了那麼多後，還要毀掉現在，和未來美好的日子嗎？

懷特一家人除了擁有寬容的一顆心，更熱愛生命，不願意再次毀掉另一個年輕的心靈。他們拯救的不只是蓋爾和艾美，甚至是無數需要幫助的兒童。

事後的責備並不會改變現狀，倒不如想想未來該怎麼做。最重要的是，讓每個在過去受傷、失落的心靈，都能平和的面對未來。

不加入閒言閒語，才不會傷害自己

在你面前批評別人的人，也會在別人面前議論你。別跟著起鬨，小心落人把柄，讓自己成為下一個被評論的主角。

在一盆乾淨的水中倒入一滴墨水，雖然只會激起一點點漣漪，又歸於平靜。但是，乾淨的水已不再清澈，隱隱約約有著黑色粒子存在。

「閒言閒語」就像這滴墨水，看似渺小、無殺傷力，卻會造成永久的傷害。貪圖一時口快，隨口說說他人的「芝麻小事」而破壞了人際關係，是最不必要，也是最大的損失。

或許你會說：「反正我也不喜歡他，那傢伙怎樣也和我毫不相關。」

殊不知，當你議論別人的同時，也是他人評估你的開始！

聖菲利普是十六世紀深受人們愛戴的羅馬牧師。

一位年輕的女孩來到聖菲利普牧師面前，傾訴自己的苦惱。原來女孩有個不好的習慣，喜歡說三道四，傳些無聊的八卦。雖然她的心地不壞，但是這些閒言閒語傳出去後，常常帶給他人傷害。久而久之，人們都遠離她，再也沒人願意和她當朋友，因此她覺得很孤獨。

聖菲利普聽了對女孩說：「妳不應該任意談論他人的缺點。我知道妳也爲此苦惱，但妳要爲此贖罪。到市場上買一隻母雞，走出城鎮後，沿路拔下雞毛，四處散佈。妳必須一刻也不停手地拔，直到拔完爲止。做完這件事之後，才可以回到這裡找我。」

女孩覺得這個贖罪方式非常奇怪，但爲了消除自己的煩惱，沒有任何異議答應了。她買了一隻母雞，走出城鎮，遵照吩咐拔下雞毛沿途丟棄，然後回去找聖菲利普，告訴他已完成所吩咐的事情。

聖菲利普說：「妳已經完成贖罪的第一個部分，現在要進行第二部分。妳必須回到散佈雞毛的路上，撿回所有的雞毛。」

女孩走回原路，可是這時候，風已經把雞毛吹得到處都是了。她只撿回部分雞毛，無法撿回全部。

女孩回來說：「我沒辦法撿回所有的雞毛。」

聖菲利普說：「沒錯，我的孩子，妳是無法撿回所有的雞毛。那些脫口而出的愚蠢話語不也是如此嗎？妳常常從口中吐出一些無聊謠言，有可能跟在它們後面，在想收回時就收回嗎？」

女孩低下頭慚愧的說：「不能。」

「那麼，當下次妳想說別人的閒話時，請閉上妳的嘴，不要讓這些邪惡的羽毛散落路旁。」聖菲利普誠懇地告誡她。

說別人的「壞話」，會有一種莫名的快感，因爲這是發洩情緒的一種方法。可是，在開口議論別人的同時，也是顯現自己內在的時候，人們會根據你說話的內容，評斷你的人品。不管你說的是否屬實，一個喜歡說人閒話的人，通常會被認定爲膚淺、沒水準的人。

話雖如此，將說「閒言閒語」當成興趣的人還不少，一天不說個幾句就會要了他的命。遇到這樣的人時，如何應對也是非常重要的。

有句饒富深意的西班牙諺語是這樣說的：「在你面前批評別人的人，也會在別人面前議論你。」

當別人在你面前說他人壞話時，千萬別做出任何評斷，也別跟著起鬨，小心落人把柄，讓自己成爲下一個被評論的主角。

打開窗口，別讓冷漠成爲殺手

想想自己是否看到、聽到人們求救的聲音時，卻冷漠走過。
就算人不是你殺的，「冷漠」卻會讓你成為幫兇。

友人曾在一個大路口目睹車禍發生，坐在機車上等紅綠燈的她馬上打電話叫救護車。正當她講電話時，身旁不但沒人有動作，甚至以怪異眼光看她。在確定救護車把傷者載走後，她才離開現場。

事後，她打電話到醫院詢問傷者情況時，還被護士反問：「妳是他的家人嗎？還是是妳撞到他的？」

得知只是關心詢問時，護士直呼不可思議：現在很少有這樣熱心的人了。

在一個可怕的夜晚，狂風暴雨、雷電交加。蒸汽渡輪「埃爾金淑女號」撞上一艘滿載木材的貨輪，船上三百九十三名乘客全部掉入密西根湖的冰冷水中，他們拼命地掙扎，希望能獲得救援。

一位名叫史賓塞的年輕大學生游上岸後，又奮勇跳入冰冷的湖水中，一次又一次救出溺水的人。當他從湖水中救出第十七個人之後，終於因筋疲力盡而虛脫，再也無法站起來。從此之後，他在輪椅上度過了自己的後半生。

多年後，在某個機會下，一家報紙訪問他，那晚之後他最難忘的事是什麼時，史賓塞的回答是：「十七個人當中，沒有一個人事後向我說聲謝謝。」

這位因奮力救人而把自己餘生放進輪椅的青年，要的僅是一聲「謝謝」。然而他失望了，人們的冷漠並沒有因他的犧牲而有所改變。

紐約一個貧窮髒亂的法庭上，正審理著一樁偷竊案，當時任紐約市長的拉巴地亞，旁聽了這樁偷竊案的審理過程。

被告是一位老婦人，被控罪名爲偷竊麵包。法官審問到她是否清白或願意認罪時，老婦人怯懦地回答：「我需要麵包餵養我那幾個餓著肚子的孫子，他們已經兩天沒吃到任何東西了……」

法官聽完，做出以下判決：「我必須秉公辦事，妳可以選擇十美元的罰款，或者是十天的拘役。」

判決宣布之後，拉巴地亞從席間站起身來，脫下帽子，往裡面放進十美元，然後面向旁聽席上的其他人說：「現在，請每個人另交出五十分的罰金，這是爲我們的冷漠所付的費用，處罰我們竟讓一個祖母偷東西，只爲了餵養孫兒這樣的事，發生在我們所居住的城市。」

那一刻，旁聽席上的人們感到無比的驚訝與肅穆，每個人都悄無聲息，面有愧色地捐出了五十分。

不幫助他人是個人自由，但是在這個人們互相依存的社會裡，很難擔保自己哪天有需要別人幫助的時候。

現在的治安之所以敗壞，大都起於人們冷漠的心。看到強盜出現，不一定要幫忙抓賊，但是，至少打電話報警，而不是眼睜睜看著被害人遭受攻擊、傷害。

當一個受虐兒又傷重死去時，不必急著譴責那些不負責任的父母，而是先想想自己是否看到、聽到人們求救的聲音時，卻冷漠走過。

就算人不是你殺的，「冷漠」卻會讓你成爲幫兇。

「冷漠」或許是大環境的反應，是人們明哲保身的方法。但是，每當有刑事案件發生時，相關者成爲衆人注目焦點，案發地點也成觀光勝地，人們是如此「熱心」注意調查進度。

如果每個人都能以這樣的「熱心」，來關心受虐兒、中輟生、貧寒家庭，相信社會亂象一定會改善許多。

面對偏財更要謹慎對待

「錢」的多少並非引發禍事的主因，而是人「心」的問題。金錢，引出人性貪婪的一面，用盡各種防範手段，就怕人們覬覦。

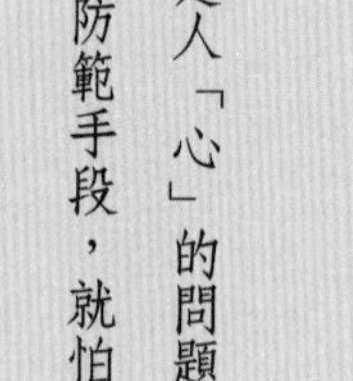

「如果中了樂透頭獎，你想做什麼？」假使有人這樣問我，我一定毫不猶豫的回答：「準備逃難！」

能成爲大筆獎金的得主，是許多人一生夢寐以求的希望，但眞正能成爲那些幸運兒的人，卻是少之又少。有錢的確能讓自己過想要的生活，可是突然有了太多錢，可就讓人頭疼了。

天外飛來一筆偏財時千萬別太高興，因爲緊接而來的可能就是橫禍了。

看完以下幾則故事後，下次樂透得主不是你時，或許心理會好過點。

一九九一年十月，年約三十的雪莉與丈夫法蘭克花十美元買的彩票中了兩千六百萬美元。夫婦倆辭了工作，買了高級跑車、珠寶，到各地旅遊。接著，雪莉在家鄉買了一幢別墅，打算清閒地過後半輩子。

誰知，法蘭克沒有固定的工作後，生活過得愈來愈靡爛。過去，他很愛惜家中的那輛舊摩托車，如今卻要休旅車和豪華遊艇才能滿足。夫妻倆在花錢方面經常發生爭執，他們在一九九四年決定離婚，家產和獎金各分一半。

在享受過豪華的生活後，雪莉時常自問：「有一房子的古董和一大箱珠寶究竟有什麼意義？」

她花錢很省，但在慈善捐款時則毫不吝嗇。她說：「這個世界是不完美的，在這個不完美的世界上，我寧可要美滿的婚姻而不要錢。」

一九九七年十月二日，麥克．比爾在紐澤西州中了四百三十四萬美元的大獎。他的母親菲麗絲對他提出控告，認爲這筆獎金應由兩人平分，因爲這張獎券是他們兩人合買的。

據他們的朋友說，母子兩人的關係一向很好，並且經常一起出二十美元買獎券。結果，麥克與母親的關係，從此破裂，再也無法回到從前。

賓西法尼亞州的威廉．普斯特，在一九八八年買彩票中了一千六百二十萬美元的大獎，從此不幸接踵而至。他的親兄弟爲了奪得那筆獎金，居然僱了一名殺手，企圖殺死普斯特和他的妻子。事後，他的妻子和他離婚，帶走一半獎金。中獎五年後，普斯特便宣告破產了。

因爲金錢，有人失去了最愛，也因爲金錢，有人失去了性命。到底有錢是件好事還是壞事呢？

其實，「錢」的多少並非引發禍事的主因，而是人「心」的問題。

金錢，引出人性貪婪的一面，你必須用盡各種防範手段，就怕人們覬覦。因此，你失去平靜生活，整天提心吊膽，疑神疑鬼。因此，你失去生活目標，不知人生還有什麼意義。

有些人在中獎之後，乾脆把獎金分給親朋好友，或者多數捐給慈善機構，並且做好自己的生涯規劃，甚至繼續日常工作不改變。只有這些人，才能眞正享受中「樂透」的喜悅。

不必羨慕那些得獎的幸運兒，也不用盯著每期開獎數字讓心情大起大落。因爲，得到偏財的同時，往往隱藏著橫禍。

永遠別忘了一個原則：「生命中最美好的事物是無法用金錢買到的。」

美麗的未來建構於現在

我們反省過去的經驗，擬定未來的計劃，然後在現在實行。肯思考，肯努力，才能塑造自己的未來。

我們能坐在山坡上欣賞美麗風景，是因爲有前一段努力爬坡的過程；一場震撼人心的演出背後，是無數次辛苦練習的成果；小鳥要破蛋而出時，也要奮力啄裂困住自己的蛋殼。

現在的自己，都是過去塑造出來的，也就是由過去的種種經歷，累積出現在這個個體。那未來的自己，是不是也要現在的自己去發展、形成呢？

不管是過去、現在還是未來，生命都是息息相關的。

一個窮漢每天都在田地辛苦的工作，活了大半輩子，從來不知道有錢是什麼感覺。有一天，他突然想：「與其每天辛苦工作，不如向神靈祈禱，請祂賜給我財富，供我今生享受。」

他爲自己聰明的想法深感得意，於是就把弟弟喊來，將僅有的家產委託給他，吩咐他每天一定要到田裡耕作，別讓家人餓肚子。

窮漢仔細交代後，認爲沒有後顧之憂，就獨自來到天神廟，爲天神擺設大齋，供養香花，不分晝夜地膜拜，畢恭畢敬地祈禱：「神啊！請您賜給我安穩和金錢，讓我財源滾滾而來吧！」

天神聽見這個窮漢的願望，心想：「這個懶惰的傢伙，自己不工作，卻想謀求巨大財富。倘若他前世曾做布施，累積功德，給他些利益也未嘗不可。可是，查看他的前世行爲，根本沒有布施的功德，現在卻拼命向我求利。不管他怎樣苦苦要求，都是沒有用的。但是，若不給他一些利益，他一定會怨恨我，不妨用些技巧，讓他死了這條心吧。」

因此，天神化作他的弟弟，也來到天神廟，跟他一樣祈禱求福。

窮漢抬頭看見弟弟，不禁生氣地問他：「你來這兒幹嘛？我吩咐你去播種，你播下了嗎？」

弟弟說：「我也想跟你一樣，不用那麼辛苦的耕作，直接向天神求財求寶。我想天神一定會讓我衣食無憂的。縱使我不努力播種，天神也會讓麥子在田裡自然生長，滿足我的願望。」

懶漢一聽弟弟的祈願，立即罵道：「你這個混帳東西，不在田裡播種，就想等著收穫，實在是異想天開。」

弟弟聽見哥哥罵他，就故意反問：「你說什麼？再說一遍聽聽。」

「我就再說一次給你聽，你不播種，哪能得到果實呢？這樣的行爲太傻了！」哥哥氣憤地說。

這時天神才現出原形說：「誠如你自己所說，不播種哪來的果實呢？」

雖然努力不一定會有收穫，但是不努力，絕對沒有收穫。

人其實是同步活在過去、現在與未來裡的。我們必須反省過去的經驗，擬定未來的計劃，然後在現在實行。

能眞正擁有未來的人，並不是走一步算一步的人。在每一個步伐中，即使迷惘、疑惑，也都是替未來鋪路前的一段熱身。

肯思考，肯努力，才能塑造自己的未來。想要怎樣的未來，取決於現在做些什麼、該做什麼！

未來想要怎麼收穫，就得看現在的你怎麼播種、怎麼努力耕耘，最後才會得到相對的結果。

8. 當自己命運的建築師

> 俄國作家奧斯特洛夫斯基曾說：
> 「假如你有那麼一秒鐘的退縮，
> 失去了對勝利、前進的信心，
> 那麼勝利就會從你手中溜掉。」

好高騖遠只會讓機會越離越遠

平凡當中也能見到偉大，如果能夠一步步穩健踏實地努力向目標邁進，那麼，真正的寶藏也必定會藏在我們自己的腳下。

我們都想追求成功、追求財富，都想出人頭地，但是，究竟要怎麼做才能讓自己更接近夢想呢？

或許我們會認爲成功一定來自雄厚的基礎、豐富的資源，或是絕佳的機運，因此，總是以羨慕的眼光，仰望著那些高高在上的「成功者」，期許自己有一天也能像他們一樣。

不過，在可憐巴巴地向上看的同時，我們可能都忽略了自己腳邊，也因而讓

成功的機會從身邊溜走。

一個名叫康惠爾的牧師爲了幫助許多想上大學卻沒有錢的年輕人實現夢想，決定專門爲這些人辦一所大學。

爲了籌措資金，康惠爾不斷進行巡迴演講，希望各地的有錢人爲大學捐款，但遺憾的是，五年來所籌措的款項還不到一千美元，可是在當時要辦一所大學卻需一百五十萬美元。

最後，康惠爾失望了，重新回到故鄉的教堂。

有一次做禮拜時，康惠爾忽然發現教堂四周的草都枯萎了，他便好奇地問園丁：「爲什麼這裡的草不如別的教堂的草長得好呢？」

園丁不經意地答道：「唉，人們常羨慕別人家的青青草地，總希望那就是自己的，卻很少動手整理自己的草地。要知道，別人翠綠的草地背後一定蘊藏著他人勞動的成果。」

康惠爾聽了心中一震，似乎想到了什麼，飛快地跑進教堂撰寫禮拜的演講稿。在他的講稿中有這麼一句話：「幾乎每個人都在等待目標靠近而讓時間白白流走，爲何不努力工作使自己不斷接近目標呢？」

另外，康惠爾還在演講當中講了這麼一個故事：一個農夫聽說鑽石能讓人發財，於是賣掉自己的土地，背井離鄉四處去尋找鑽石。他到過很多地方，卻一直沒有找到鑽石，最後貧病交加只得跳海自殺。

但戲劇性的是，就在他賣掉的土地上，新主人在無意中發現了一塊奇異的石頭，經過專家鑑定那正是鑽石，並且就在這個被農夫賣掉的土地上發現了世界上最大的鑽石礦區。

「財富不僅僅是靠四處奔走，它需要自己去挖掘，要依靠自己的能力去奮鬥，財富永遠屬於那些相信自己能力的人。」康惠爾在故事末這樣寫道。

從此，康惠爾開始這個「鑽石寶藏」的演講，七年之後，他靠這個演講賺了八百萬美元，這對辦一所大學來說已經綽綽有餘了。

美國著名學府康惠爾大學的建成基礎，其實來自一個普通人從一個平凡的故事中偶然獲得的啓示。

其實，康惠爾牧師所說「鑽石寶藏」故事，正是在暗喻自己過往的行爲，他當初爲籌措資金四處演講的行爲，不正跟離鄉背井去尋找鑽石的農夫一模一樣嗎？可喜的是，康惠爾最終明瞭了求人不如求己的道理，也才能成功創立大學，造福莘莘學子。

想要成功，就用自己的腳努力接近它。只要肯努力，平凡當中也能見到偉大，如果能夠一步步穩健踏實地努力向目標邁進，那麼，眞正的寶藏也必定會藏在我們自己的腳下。

每個巔峰都是另一個突破自我的開始

英國作家普賴爾曾說：「人應該像凌空翱翔的雄鷹，永遠把眼光盯在高聳入雲的目標上。」

談到人生的成就，幽默劇作家蕭伯納曾經說：「人能爬到至高的頂點，但不能久居在那裡。」

很困惑吧！我們不是都爲了攀到最高點，所以「堅持不懈」、「永不放棄」或「保持熱情」的嗎？爲什麼不能久居呢？這是因爲人到達巔峰之後，必須懂得「歸零」，讓自己重新開始。

達到了一個階段之後，就是另一個階段開始，生命若是能夠如此，你就沒有

什麼做不到的事，因爲你知道如何不斷提昇自己，也知道要虛懷若谷地面對成功。

「抵達了至高點」不是一個結束，而是能讓生活繼續的開始。

著名的律師威廉斯曾經說過一段膾炙人口的話，他是這麼說的：「我認為，『成功』或『勝利』的定義，是用最大的限度來發揮你的能力，包括體力、智力以及精神和感情的力量，不論你做的是什麼事情，只要做到了這一點，你就可以感到滿足，認定自己就是個成功者了。」

就像威廉斯所說的，只有一個人的能力發揮到最大限度才叫成功，那麼成功肯定是沒有止境。

就算你在某個領域已經成功，你也不想停留在頂端，而是會繼續開心地朝另一個領域前進，因爲你的能量並沒有發揮完畢，你還有很多可以做的事，可以在成功之後，獲得更大的成功。

所以，即使你已經很成功了，也不要因此自滿，更不要生活在一時或過去的榮耀中，畢竟成功不是人生停留的唯一歸宿，也不要讓昨天的成功影響了今天的工作。

英國作家普賴爾曾說：「人應該像凌空翱翔的雄鷹，永遠把眼光盯在高聳入雲的目標上。」

人生，直到走入塵土前，都應該不斷地以超越自己爲目的，而不是只爲了一個願景的實現而滯留不動。

著名的德國鐵血宰相俾斯麥到了七十歲，還孜孜不倦地想要開創自己人生的新遠景，曾在十九世紀擔任四任英國首相的格萊斯頓，到了七十歲還勉勵自己學習新語言。

正因爲他們不斷地超越自我，所生命才有非凡的成就。因此，人必須把高峰的高點當做另一個新起點，而不是往下走回山谷底的終點。

羨慕別人，不如欣賞自己

沒有人是完美的，每個人都會有缺點，所以，如果對保持自我沒有自信的話，那麼就先從改變自己的缺點開始吧！

在這個世界上能眞正發現「自己」，並且把內在最美好的能力發揮出來的人並不多見。因爲，大多數的人並不清楚自己的「生命資產」有多麼豐富，也不知道該如何靈活運用。

每個人在這個世界上都是獨一無二的個體，都具備著別人無法模仿、只屬於自己的特質。

所以，與其花時間羨慕別人的特質，不如好好培養自己，也許還能讓別人反過來欣賞你。

伊笛絲從小就是個敏感內向的女孩，她一直覺得自己的身材太胖，再加上她有一個嚴肅古板的母親，認爲漂亮的衣服是一種浪費，所以伊笛絲沒有什麼好看的衣服，也從來都不敢和其他的孩子一起玩。

於是，久而久之，伊笛絲開始覺得自己和其他的人「不一樣」，認爲自己不討人喜歡。

即使長大嫁人了，她的個性還是一點也沒有改變。因爲丈夫一家人都是十分有自信的人，所以，伊笛絲也盡力地想像他們一樣，但是不管怎麼模仿，她就是無法對自己產生信心。

丈夫和他的家人們爲了讓伊笛絲可以變得開朗一些，都儘量不去糾正她的自卑心理，但這種方式反而讓她更退縮。

結果，伊笛絲變得更緊張不安，不但躲開所有的朋友，也開始足不出戶，總是悶悶不樂的。

終於，伊笛絲再也忍受不了自己了！她很想做些什麼改變，正好，她婆婆的一句話，改變了伊笛絲的生活。

伊笛絲聽到婆婆正和朋友們談論自己怎麼教育小孩，婆婆說：「不論如何，我都要求他們保持自我。」

刹那間，伊笛絲發現自己之所以那麼苦惱，就是因爲她一直試著讓自己扮演一個不適合的角色。

伊笛絲想通了，從此之後，她不再對自己的個性感到自卑，開始挖掘自己所擁有的優點。就這樣，伊笛絲逐漸對自己產生了信心，也不再像以前一樣，那麼愛鑽牛角尖了。

人最該思索的是如何歡喜做自己，如果因爲別人說什麼，就去做什麼或不敢做什麼，勢必會錯過很多可以讓自己幸福快樂的機會。必須切記，只有勇於做百分之百的自己，才能擁有屬於自己的幸福人生。

保持自我不是一件容易的事，因爲，並不是每個人都會對自己感到滿意，因此潛意識裡總是忍不住要羨慕別人。

不過，我們同時也應該了解到，這個世界上沒有一個人是完美的，每個人都會有缺點，所以，如果你對保持自我的優點沒有自信的話，那麼就先從改變自己的缺點開始吧！

當改變了自己的缺點之後，你就會發現，以前不曾發現的優點，也同時自然而然地呈現出來了。

只要能發掘出自己的優點，你的信心必然會日漸增加，那麼也就能慢慢地開始欣賞自己了。

當自己命運的建築師

俄國作家奧斯特洛夫斯基曾說：「假如你有那麼一秒鐘的退縮，失去了對勝利、前進的信心，那麼勝利就會從你手中溜掉。」

弱者把希望寄託於他人，強者把希望寄託在自己身上。

人應該培養對自己的信心，只畏建立信心，就能克服眼前的障礙和困難，當自己命運的建築師。

美國著名的小說家普拉格曼，某次長篇小說得獎，在頒獎典禮上，有位記者

問他：「到目前爲止，你認爲生命中讓自己成功的關鍵轉折點，是在什麼時候？」

這時，他對著記者說了自己的一段親身經歷。

二次大戰中，他還沒讀完高中就到海軍服役。一九四四年八月，在一次海上戰鬥中他身負重傷，雙腿無法站立。爲了保住他的生命，艦長緊急派了一個海軍下士開著小船，冒著危險將他送到戰地醫院。

誰知，在黑暗的大海中，小船漂流了四個多小時，還很不幸地迷失了方向，此外，隆隆的砲火聲音，也使掌舵的海軍下士害怕得失去了信心，準備拔槍自殺。

然而，傷勢嚴重的普拉格曼卻很鎮定地勸他：「別開槍，我有一種預感，你對自己要有信心和耐心，千萬不要絕望、慌亂，我們一定會找到方向的。」

話剛剛說完，突然對敵軍發射的高射砲在天空爆炸，照亮了海域，而他們也發現，小舟已經離戰地醫院的碼頭不遠了。

普拉格曼說，這個極具戲劇性的經歷，在自己的心中烙下相當深刻的印記。從此，他堅信，即使面對失敗也要有耐心，絕不失望、驚慌，因爲在最後時刻一定會有轉機，一定會出現勝利的曙光。

俄國作家奧斯特洛夫斯基曾說：「假如你有那麼一秒鐘的退縮，失去了對勝利、前進的信心，那麼勝利就會從你手中溜掉。」

怎麼讓危機變轉機，如何從逆境走向順境呢？

我們都知道要找方法解決，也知道要培養能力去改變，但在解決和改變前面，有一個大前題是：「不要放棄！」

人只要對自己充滿信心，就不會輕言放棄。只要沒有放棄，機會就仍然在你的手上；只要不放棄，成功的方向一定會讓你找到。

靠著意志的培養和毅力的鍛鍊，把你的自信心好好培養起來，即使面臨再困苦的危難，都會有轉機出現。

改掉錯誤，再次步上坦途

一個人若能夠盡力去彌補曾經犯下的過錯與造成的損傷，這種善意的念頭便值得給予鼓勵。

孔子說：「知錯能改，善莫大焉。」不管以往犯了什麼錯，一個人若能夠盡力去彌補曾經犯下的過錯與造成的損傷，這種善意的念頭便值得給予鼓勵。

世界上沒有不犯錯的人，重點在於犯錯之後是否勇於面對錯誤，是否願意改變心境，讓自己重新開始。

哈利犯了一個錯，這個錯誤讓他感到非常後悔。

他是一名稅務員，身爲稅務員最大的要求就是公正不阿，品格良善。但是，半年前，哈利收完各地的稅款款項，途經一個汽車展銷會，看中了一款心儀已久的跑車。銷售員鼓吹說，只要能夠現場預付頭期款現金，就能夠馬上把車開走；否則，這一款大受歡迎的車，很快就可能銷售一空。

哈利很猶豫，因爲他手頭上的現金不夠，但是，不論怎麼說，銷售員都不肯幫他把訂單保留到下個禮拜二。最後，哈利咬著牙、狠下心，決定先暫時借用剛剛收來的稅款，等一下到波特蘭市再將他自己的債券變現，放回稅款的保險箱裡。可是，就在哈利開著新車飛奔前往波特蘭市時，車子意外打滑，結果出了嚴重車禍。哈利不只受重傷被送進醫院，挪用公款的事情也因此爆發了，出院後還得接受六個月的牢獄生活才能回家。

他的父親痛心地說：「兒子，你眞是糊塗啊。」

哈利只能低著頭悔恨地說：「是的，爸爸，我知道。」

當他終於回到家，躺在自己的床上，心底卻沒有踏實的感覺。因爲，他不知道自己該如何面對這個鎮上的所有人，他不知道大家是不是能夠接受一個已滿心懺悔的罪犯，他害怕被別人排斥。

就這樣，哈利整天都躲在家裡，哪裡也不去，既不去找工作，也不肯出門買東西，家無疑像是另一個無形的監獄，將他牢牢關著。

幾個星期後，哈利的父親對他說：「孩子，你有什麼打算嗎？我們並不是在催你，這裡永遠都是你的家，但是……」

哈利知道父親接下來想說些什麼，於是他收起手上的報紙說：「正好，波特蘭有人想找伐木工，我準備明天就去應徵。」

哈利在鎮外找了一份不用調查個人資料的工作，每天在人煙罕至的森林裡砍伐木頭。雖然工作辛苦，薪水微薄，但是他感受到一股自由。

然而，時間久了，他還是會想家。一天，揣著懷裡剛領到的薪水，他搭上公車回到自己的家鄉，走進麥克唐納的雜貨店裡，想要用自己親手賺的錢買禮物送給家人，讓他們安心，也讓自己安心。

他帶著忐忑的心情來到麥克唐納的櫃台：「你好，麥克唐納先生，我需要幾件白色襯衫和幾雙襪子。」

麥克唐納二話不說，便拿了哈利要的尺寸的衣物出來，而後哈利又買了幾樣東西給父親和母親。他的手一直插在口袋裡，緊緊握住一卷鈔票，隨時準備好要拿出來付帳。

挑選完畢後，哈利說：「就這些了，一共多少錢？」他覺得自己的手心已在發汗，努力讓自己的聲音不要發抖。

麥克唐納看了他一眼，然後打開桌上的記帳簿，翻到寫有哈利名字的那一頁，邊寫邊說：「一共是二十二美元五十美分。」

接過麥克唐納替他包好的東西，哈利露出釋懷的笑容。現在，他知道，自己是真正回到家了。

哈利雖然離開了監獄，但他卻沒有離開自己心底的牢籠，甚至在牢籠之外還要加上層層圍籬，藉此自我封閉。

這種做法，或許讓他可以不用立刻去面對衆人的目光，但卻也讓有心援助他的人，不得其門而入。

他面對的是存在心上的枷鎖，除了他自己，別人是拿不下來的。所以，他決定離開家庭保護，離開自己依賴的環境，離開過往智慧和聰明的背景，重新找尋人生的出路。

唯有勇敢面對過往的錯誤，未來的人生才可能是一片坦途。他在以自己理解的方式重新開始，即使沒人要求他，但是他不肯因此輕易地放過自己。

當覺得自己的努力告一段落以後，他便想測試一下努力的成果。麥克唐納先生以行動表示了對哈利的信任，這個舉動，無疑爲哈利打了一劑強心針，使他更有勇氣重新去面對外界的眼光。

你為什麼覺得生活很痛苦？

白俄羅斯作家伊凡．沙米亞金告誡世人：「要在自己身上找到力量來拯救自己的幸福，否則它就會被摧殘、玷污。」

覺得現在的工作讓你很痛苦嗎？

先停下腳步想想，你是用什麼樣的心態在進行，如果連一點樂趣也沒有，那就別再前進了，換個工作或者重新開始。

找出你主動學習的熱情，換個態度面對你的工作，釐清什麼是你想要的生活，整理你應該有的生活態度，如此一來，你才不會在埋怨中虛度一生。

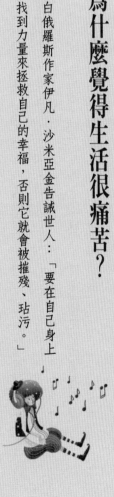

有一位住在山區的農夫，每天都必須翻山越嶺地挑著兩大擔柴，到市集去販賣。他把所得的錢購買一天的糧食後，就細心地把剩餘的錢存好，供他兒子到城裡讀書。

有一年，當兒子放暑假回來時，農夫為了培養他吃苦耐勞的精神，便叫兒子幫他挑柴到市集去賣。

一直深受呵護的兒子不大情願地挑了兩擔柴，翻山越嶺地挑到市集去，但是這工作可把他給累壞了，只做了兩天，他就累得不能再做了。

父親沒辦法，只好嘆了口氣，要兒子好好休息，自己挑柴去賣，好養家餬口。可是，天有不測風雲，幾天之後，父親卻不幸病倒了，而且這一病就是大半個月。

家裡頓時失去了經濟來源，眼看就要陷入絕境，兒子想不出其他辦法，只好主動地挑起生活的重擔，學著父親上山砍柴，然後再挑到市集裡販賣。

可是，這次他卻一點也不覺得累。

「兒子，別累壞了身子！」躺在床上的父親欣慰地看著兒子。

這時，兒子停下手中的工作，對父親說：「爸，眞是奇怪，剛開始你叫我挑柴的那兩天，我挑的擔子那麼輕，但卻覺得相當累，怎麼現在我挑得越來越重，反倒覺得擔子越來越輕了呢？」

父親開心地點點頭說：「那是因爲你已經把體力鍛鍊出來，還有就是，經過這次事件，你的心理也成熟不少的緣故。當你有了挑起重擔的勇氣，那麼擔子自然就會變輕！」

你明白這位父親所說的理由嗎？

當所有動作都是自發性的時候，那麼一個人對於自己挑起的擔子便不再感到辛苦；當心中沒有了抱怨，時間一久，不知不覺就會覺得甘之如飴，擔子自然也就挑得輕鬆又自在。

當兒子把換得的糧食帶回家時，從中所得到的滿足感，便是他擔子減輕的重要助手。

白俄羅斯作家伊凡・沙米亞金曾經在他的著作《夜幕中的閃光》中，這麼告誡世人：「人要在自己身上找到力量來拯救自己的幸福，否則它就會被摧殘、玷污。」

當你能自動自發的行動，就會開始培養出興趣。

有了興趣，任何事情對你而言，就不會有所謂的辛苦存在，相反的，每天只會感到成就感不斷增加。

抬起頭，你就能看見生命的出口

俄國文豪托爾斯泰在《安娜卡列尼娜》裡說：「人生的一切變化，一切魅力，一切美麗，都是由光明和陰影交錯而成的。」

想要實現自己的生活目標，重點在於，不管我們身處什麼樣的環境，都必須抱定一個理想，並且不斷地努力爭取，如此一來，才有機會如願以償。

你應該相信，風雨過後將是碧海藍天，走過一段坎坷之後，出現在眼前的就會是一條平坦大道。

有一個資深的登山老手和他的同伴們，在一片迷濛峽谷中迷失了方向，一群人走了三天四夜，都沒有辦法走出深谷。

「爲什麼我們走了這麼久還走不出峽谷？我心裡好害怕，爲什麼世上就不能只有一帆風順？爲什麼非得要逼我們走入絕境？」一位同伴絕望地說。

這位登山老手安慰他說：「世上怎麼可能只有成功而沒有挫折呢？你想想，沒有挫折哪會有成功，挫折與成功就好比這峽谷與高山，沒有這峽谷哪來的高山！」

「可是，遇到挫折實在很折磨人，就像現在，我們被困在峽谷之中，唯一能做的不就是等死而已嗎？」

這位同伴有點歇斯底里地回應。

登山老手感慨地說：「你之所以會這麼悲觀，完全是因爲你一直低著頭走路啊！」

「難道抬頭走就能找到出路？」同伴抬起頭仰望天空。

「當你抬頭的時候，你看到了什麼？」登山老手問。

「除了高山還是高山啊！」同伴答。

這位登山隊員笑著說：「這就對了，我每次遇到危險的時候，都是這樣抬著頭，一步步走向平安的處所！」

不久之後，這群重新燃起希望的登山客，終於在這位登山老手帶領下，走出了峽谷。

俄國文豪托爾斯泰在《安娜卡列尼娜》裡寫過一段值得省思的話，他這麼說：

「人生的一切變化，一切魅力，一切美麗，都是由光明和陰影交錯而成的。」

是的，不管是你將碰上或正遇到什麼挫折和困難，都要有充分的認識和心理準備。因爲環境的不同，每個人的抗壓和解決能力都各有不同，在不同的環境中也會有不一樣的解決方式，不過，只要充滿積極樂觀的想法，就一定能找到生命的出口。

不管目前的生活環境有多麼困頓，你都必須激勵自己，人生路不可能永遠筆直又平坦，就算行走在馬路上，也一定會遇到岔路，必須轉彎才能走向目地的。

所以，當我們遇到困難和逆境時，不要徬徨迷惘，也別灰心喪氣，更不應該因爲一時的挫折而輕言放棄。

心寬，路就寬。換個角度想想自己的璀燦遠景，抬頭看看無邊無際的天空，你是不是看見了生命的寬廣？

不斷創新才能敲開成功的大門

蘭德在自傳中強調的：「一個企業不僅要不斷地推出新產品，更要不斷地成長、前進，這樣的企業才不會停滯不前。」

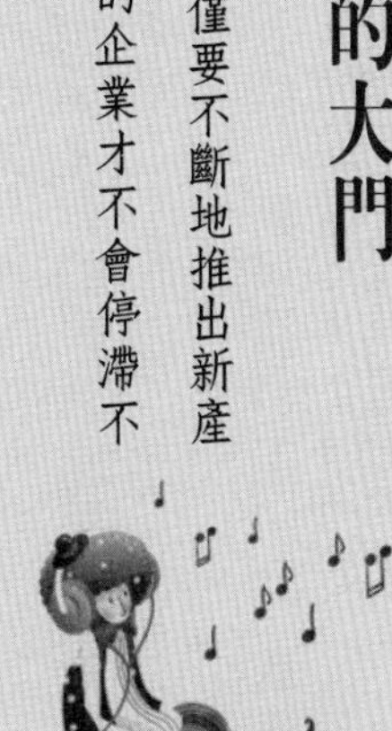

有位哲人說，人生最有趣的事情就是棄舊迎新，時時爲自己創造嶄新而美好的生活。

當你對別人的成就投以羨慕和嫉妒的眼神時，有沒有反省過爲什麼自己一直在原地打轉？當別人不斷成長和革新的時候，自己都在做些什麼事呢？

美國著名的發明家埃德溫．蘭德，以研發拍立得相機而聞名世界，不僅如此，他還是世界上著名企業家之一，光是獲得的專利權就高達了二百多項。

一九三七年，蘭德正式成立了「拍立得」公司，有人把他介紹給華爾街的大老闆們，他們對蘭德的能力和工作效率十分賞識，因而提供了三十七．五萬美元的信貸資金，讓他研發將偏光片應用到汽車的前燈，以減少車禍發生。

一九三九年，「拍立得」公司在紐約世界博覽會上，推出了「立體電影」則造成了轟動，觀衆必須戴上該公司生產的特殊眼鏡才能入場，因爲新鮮感十足，爲「拍立得」賺進了一大筆財富。

有一次，蘭德替女兒拍照，她的女兒很不耐煩地問：「爸爸，到底要等到什麼時候，才能看到照片呢？」

因爲這句話，讓蘭德突然有了奇想，經過多年的研究，終於讓他發明了瞬間顯像照相機，他將之取名爲「拍立得」。

當「拍立得」公司在一九三七年剛成立時，銷售額爲十四．二萬美元，一九四一年則成長到一百萬美元，一九四七年更達到一百五十萬美元。

等到「拍立得」相機開始上市後，公司銷售額更從一百五十萬美元激增到六千七百五十萬美元，十年之內成長了四十倍，成長率非常驚人，甚至可說是一個奇蹟。

但是，蘭德並沒有因此而停住創新的腳步，六〇年代初期，他又製造出一種價格便宜，還能立即時拍出彩色照片的新相機。

蘭德在自傳中強調的：「一個企業不僅要不斷地推出新產品，更要知道下一步該怎麼走，如何不斷地成長、前進，這樣的企業才不會停滯不前，而是充滿活力的永續經營。」

其實，生命的流程也是如此，適應變化的唯一方法就是創新。

身在今日變化萬千的數位時代，成功的人，多半是那些不願因循守舊、勇於大膽創新的人。因爲勇於創新，他們才能與衆不同，也才能站穩腳跟，打開成功的大門，在競爭激烈的時代中獲得勝利。

9.

相信自己，
幸運自然就會降臨

美國作家桑塔亞納曾說：
「哥倫布發現了一個世界，
卻沒有用航海圖，
他用的是在天空中釋疑解惑的『信心』。」

別再渾渾噩噩過日子

西班牙大作家塞萬提斯在《唐吉訶德》裡寫著：「勇敢的人開鑿自己的命運之路，每個人都是自己命運的開拓者。」

卡森．麥卡勒斯曾經說過：「當你累得滿頭大汗，事情還是沒有起色，這時你的心靈深處便會泛起一個問號，難道這就自己想要的生活嗎？」

其實，想要擁有什麼生活，往往取決於你怎麼想和怎麼做，而不是你做了什麼。不能用本身智慧主宰自己生活的人，將永遠只配做生活的奴隸！

先闔上書一分鐘，仔細想想現在的你，日子是怎麼過的。審視得如何呢？現在的情況眞的是你想要的嗎？

如果不是，這樣的日子有人逼你過嗎？看完下面這一則故事，必定會讓你在莞爾之餘，心中有一些感觸。

二十世紀初，有個愛爾蘭家庭打算要全家移居到美洲，但是，他們非常窮困，於是辛苦工作、省吃儉用三年，總算才存夠錢買了去美洲的三等艙船票。

上船之後，他們被帶到甲板下方睡覺的地方，一家人以爲整個旅程中他們都得待在這個擁擠的小房間裡，而且他們也確實這麼做了，每天都吃著自己帶上船的少量麵包和餅乾充飢。

這樣一天過了一天，他們總是以既嫉妒又羨慕的眼神看著頭等艙的旅客，神情愉快地在甲板上吃著奢華的大餐。

正當輪船快要抵達美洲大陸的時候，其中有一個孩子餓得生病了。

父親情急之下便去找服務人員，請求他們幫忙：「先生，求求你，能不能賞我一些剩菜剩飯給我的小孩吃？」

服務人員聽了，訝異地回答說：「你爲什麼這麼問呢？這些餐點你們也可以吃啊！」

「眞的嗎？」父親吃驚地問：「你的意思是說，整個航程裡，我們都可以和其他人一樣用餐嗎？」

「當然！」服務人員以驚訝的口吻說道：「在整個航程裡，這些餐點都會供應給你和你的家人，你們的船票只是決定你們睡覺的地方，並沒有限制你們的餐點。」

大文豪莎士比亞曾經在著作中說過一段膾炙人口的話：「假使我們將自己比做泥土，那就真要成為別人踐踏的東西。」

其實，別人認爲你是哪一種人並不是那麼重要，重要的是你是否肯定自己，是否積極掌握自己的命運？

西班牙大作家塞萬提斯在《唐吉訶德》裡寫著：「勇敢的人開鑿自己的命運

之路，每個人都是自己命運的開拓者。」

其實，很多人都有著故事中相同的狀況，以爲目前的位置就是一輩子必須待的地方，絲毫不知道他們可以和其他人一樣，享受同樣的權利，甚至過得比別人還要好。

成功並非遙不可及的夢想，但是必須靠你自己努力爭取。

過去的你如果過著渾渾噩噩的日子，就應該在今天覺醒，爲燦爛的明天打好基礎。不要老是活在過去的窠臼裡，你一定可以走出來，努力爭取你所夢想的園地。

馬利丹曾經寫道：「讓人最難受的，不是被剝奪曾經擁有的的東西，而是被剝奪未曾有過，並不真正了解的東西。」

的確，現實中的困難皆可克服，唯獨憑空想像的困難無法解決。其實，生活的本身既不是快樂，也不是痛苦，而是快樂和痛苦的容器，就看你想把它變成什麼……

改變心態，就能活得快樂自在

英國詩人作家馬·阿諾德在《逆來順受》一書中曾說：「征服命運的，常常是那些不等待機遇恩賜的人。」

幽默作家蕭伯納常對那些抱怨環境不順利的人說：「人們時常抱怨自己的環境不順利，使他們沒有什麼成就。但是，我討厭這種說法，假如你遍尋不到所要的環境，為什麼不自己創造一個出來！」

只要你改變心態，勇於創造自己想要的環境，就會成爲生命的主人。

發明電話的亞歷山大·貝爾，年輕的時候，有一次向朋友亞瑟·亨利抱怨自己的工作很不順利，並且認爲，那完全是由於自己缺乏電機方面的知識所造成的。

當時，亞瑟·亨利是華盛頓區一家理工學院的校長，心平氣和地聽完貝爾拉拉雜雜的抱怨，但是，並沒有安慰他，只是簡短地告訴他：「去讀啊！」

這個簡短的回答讓貝爾大感意外，因爲自己只顧著到處找人吐苦水，從來沒想過自己其實可以克服遭遇到的困難。貝爾於是認眞去攻讀有關電機的課程，後來還成了對傳播科學極有貢獻的發明家。

英國詩人作家馬·阿諾德在《逆來順受》一書中曾說：「征服命運的，常常是那些不等待機遇恩賜的人。」

美國總統胡佛是一名鐵匠的兒子，後來還成了流離失所的孤兒；IBM的董事華森，年輕時曾擔任過記事員，每星期只能賺兩塊錢美金；名製片家阿道夫·朱可曾經擔任的一名皮貨商助手，每星期也是只賺兩塊。

這些著名的成功人士之所以成就輝煌，是因爲他們從來不認爲貧窮是自己的障礙，把全部的精力用在改善自己的境遇上面，完全沒有時間去自怨自艾。

歷史上，許多舉世聞名的人物都有著身體上的缺陷，例如詩人拜倫長有畸形腿，音樂家貝多芬後來因病成了聾子，莫札特患有肝病，當上美國總統的富蘭克林．羅斯福則患有小兒痲痺症，至於著名的教育家海倫凱勒，則是從小又聾又瞎……這些名人的奮鬥故事，相信我們從小就耳熟能詳，只是爲什麼到了現在還不肯效法呢？

我們四肢健全，有得穿又吃得飽，卻老是抱怨東埋怨西，怪景氣不好，怪別人不肯幫忙，爲什麼就是不肯反省自己？不要抱怨命運和目前的處境，而該罵一罵自己爲什麼不肯積極生活。

你目前的生活是你自己決定如何過的，你目前的環境是你自己走出來的，想要活得快樂自在，你就必須先改變自己的生活態度，積極爲自己創造想要的環境。

相信自己，幸運自然就會降臨

美國作家桑塔亞納曾說：「哥倫布發現了一個世界，卻沒有用航海圖，他用的是在天空中釋疑解惑的『信心』。」

一塊磁鐵可以吸起比它重十二倍的重物，但是，如果你除去它的磁性，它甚至連輕如羽毛的東西都吸不起來。

人也有兩種，一種是有磁性的人，他們對自己充滿了信心，知道自己一定會成功。

另外一種是沒有磁性的人，他們充滿了畏懼和懷疑，機會來臨之時，他們卻說：「我可能會失敗，人們會恥笑我。」

於是，這類人在生活上一無所成，這是因爲他們害怕前進，所以只能停留在原地打轉。

阿爾法原本經營農具買賣的小本生意，過著平凡的生活，但是他並不滿足這種情況。他覺得房子太小了，也沒有足夠的金錢購買自己想要的東西，儘管他的妻子、兒女從來都沒有抱怨，只是阿爾法總是想著：「我的內心深處越來越不滿足，特別是我看見妻子和兩個孩子都沒有過好日子之時，心裡總是有著深深的愧疚感。」

後來，阿爾法的生活有了極大的變化，他不僅擁有一個佔地二英畝的漂亮新家，也不用擔心能否送孩子上一所好的大學，妻子在花錢買衣服的時候也不再有過去那種罪惡感。

他發現這才是他眞正想過的生活。

這一切的發生，是因爲他運用了信念的力量。

有一天夜晚，他坐著沉思，突然感到自己非常可憎。

「到底是什麼原因呢？爲什麼我老是失敗？」

於是，他拿了一張信箋，寫下五個自己非常熟悉的、在近幾年內成就遠遠超過他的人名。

他問自己：「什麼是我這五個朋友的優勢？」

他把自己的智力、能力與他們做了一番比較，終於，他想到了另一個成功的因素，那就是自信心。

當時已經凌晨三點了，但是他的腦子卻十分清醒，因爲他發現了自己無法出人頭地的弱點。從小，他就很缺乏自信，總是在自尋煩惱，總是對自己說不行，因此所做所爲幾乎都是在表現這種自我貶抑。

現在，他終於明白，如果自己都不信任自己的話，那麼就沒有人信任他，於是他決定，從今以後要徹底改變自己。經過反省後，他認識到自己的價值，結果，他成功了，得到了自我認同的無限價值。

詩人但丁曾經說過：「能夠使我漂浮於人生的泥沼中，而不致墮落的，是我的自信心。」

其實，人認爲你是那一種人，並不要緊，重要的是你自信自己是那一種人，因爲，衡量自己是否有能力，應在於你的自信心如何？也就是只要你認爲你能夠，你便能夠，你認爲你不能夠，你便不能夠。

美國作家桑塔亞納曾說：「哥倫布發現了一個世界，卻沒有用航海圖，他用的是在天空中釋疑解惑的『信心』。」

你對自己有多少認同，你對自己有幾分自信？

讓自己的視野更寬闊，請相信你自己，別人如何看你並不重要，最重要的是你究竟怎麼看自己，只要你充滿信心，也確認了自己的生命意義和生活目標，幸運自然就會降臨。

跌倒七次，站起來八次

日本當代名作家池田大作在《青春寄語》裡說：「人生恰恰像馬拉松賽跑，只有堅持到最後的人，才能稱為勝利者。」

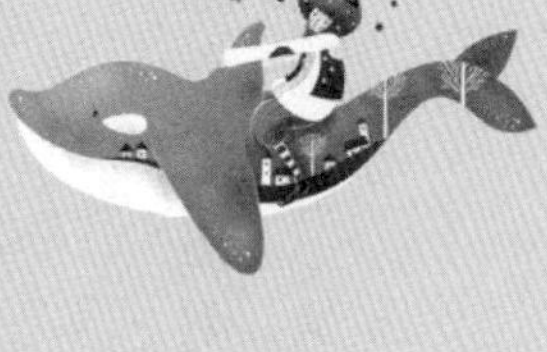

人生的價值在於屢敗屢戰。跌倒的人只要能馬上再站起來，那麼，他就已經比別人多了一次機會，相對的，他也比那些還躺在地上呼天搶地的人，往成功的路上多跨了好幾步。

心態決定你的未來，無論在現實生活中遭遇到什麼不順心的事情，唯有學會積極、正面地看待自己，才可能讓自己的人生更加精采。

有一位父親很苦惱自己孩子的未來發展，因爲他的兒子已經十六歲了，卻相當自卑、懦弱，一點男子氣概都沒有。於是，父親特地前去拜訪一位知名的空手道教練，懇請他訓練自己孩子的體魄。

這位教練沉吟了一說：「好吧，你把孩子送到我這裡，三個月後，我一定可以把他訓練成堅強勇敢的年輕人。不過，你必須記住，在這三個月裡，你不可以來看他。」

父親雖然有點難捨，但是爲了孩子的將來，還是同意了。

三個月後，父親來接孩子，教練於是安排孩子和一個空手道選手進行一場比賽，以展示這三個月來的訓練成果。

但是，情況卻和父親想像的相差甚遠，只見教練一出手，孩子便應聲倒地，雖然他很快地再站起來繼續迎接挑戰，只是馬上又被打倒，於是他又再次站了起來，就這樣來來回回一共被打倒七次，站起來八次。

這時，教練問站在一旁觀看的父親：「你覺得你的孩子表現得夠不夠堅強勇敢？」

父親鐵青的臉上難掩失望之情，幽幽說道：「眞是讓人羞愧，想不到我送他來這裡受訓三個月，看到的結果卻是這副慘狀，他竟然辜負了您的訓練，被人一打就倒。」

教練聽完，不以爲然地說：「這種講法並不正確，因爲你只看到了表面的勝負，難道你沒有看到你的孩子倒下又站起來的勇氣和毅力嗎？其實，他已經具備面對生活的正確態度了啊！」

日本當代名作家池田大作在《青春寄語》裡說：「人生恰恰像馬拉松賽跑，只有堅持到最後的人，才能稱為勝利者。」

世間沒有萬勝不敗的英雄，人生的光榮也不在於永不失敗，而是在越挫越勇的精神和在行動中摘取勝利的果實，只要站起來比倒下去多一次，那你就是成功的人。

生命中處處是機會，失意或挫折也是機會的另一種變身。我們應該試著將阻攔自己的人生苦難，化爲追求生命喜悅的動力，不要遭遇不幸躲就在陰暗的角落裡沮喪，更不要對應該立即行動的事情猶豫不決。

人生不會一直像想像中那麼好，也不像一直向想像中那麼糟，人最該思索的是如何歡喜而勇敢地做自己。每個人身上都有著獨特的才華，不管順境或逆境，都必須將自己身上的才能發揮到極致。

塑造自己的獨特魅力

我們要做的，不是想方設法讓自己變成和某人一樣的人，而是找出自己的特質與特長，塑造出專屬的獨特魅力。

當我們爲家人、朋友的成就感到驕傲時，其實心裡也相對地希望自己能讓對方驕傲。這是人之本性，也是榮譽心的激發，一種相互勉勵的自然動力。

然而，當這股力量偏斜、失衡的時候，原本的動力，很可能就反過來變成一種壓力了。這時候，你該如何面對？

雖然有一個太空人爸爸是一件值得驕傲的事，但是大衛．加佛卻也忍不住想要大喊：身爲一個太空人的兒子，必須肩負好大的壓力。

或許是大衛的父親眞的太過優秀，他在高中時代同時擔任橄欖球隊隊長、班長，還是學報編輯。相對來說，十一歲的大衛感覺上就是個比較平凡的學生，不管是打籃球、踢足球、打棒球，成績都普普通通。

當然，大衛也不是一無長處，事實上他寫得一手好文章，只是從來不曾向人展現自己的才能。他寫詩，也寫短篇小說，可這些文字最後都被藏在他的紅色筆記本裡，放在書桌最底層的抽屜。

大衛很想做些一鳴驚人的事，比方從起火的房子裡救出小孩，或者把搶劫老太太的壞蛋趕走，讓所有的人對他印象改觀，讓爸爸爲他感到驕傲。大衛也夢想自己有一天能夠成爲英雄，像是發明拯救全世界的特效藥等等，但是，他很清楚這些都是白日夢，距離現實太遠。

有一天，上英語課的時候，老師宣布學校將舉辦父親節作文比賽，希望班上能有同學投稿參加。大衛的心躍動了一下，提筆寫字這件事對他來說並不困難，

這是他可以做得到的。於是，他決心參加比賽。

放學回家的路上，大衛很快地想好他的題目和打算寫的內容。他捨棄「我父親是太空人」這樣的開頭，因爲很多人知道他的父親是個太空人，但是，在大衛眼中，父親卻不是太空人的模樣。

他決定將自己眼中眞正的父親，一點一點地描繪出來。

在大衛眼中，父親是什麼模樣呢？

他寫道：「我看見的父親是怎樣的呢？我看見他在黑暗中坐在我身旁，當我還是個小孩，做了惡夢的時候；我看見他教我怎麼樣打球；我記得，當我的狗被汽車撞死，他抱著我好幾個小時。他會在我八歲生日的慶生會上，帶來另一隻小狗，使我大吃一驚；他會在我哭的時候，告訴其他的人我只是因爲很嚴重的過敏症才哭；他在祖父過逝時，以最委婉的方式對我說明什麼是『死亡』。對我來說，我的父親不只是個太空人，更是深切愛我的父親。而我，以身爲他的兒子爲榮。」

大衛的文章標題爲〈我父親的兒子〉。

三天後，評審結束，學校在禮堂舉辦了一次公開的發表會與慶祝會，邀請所有的學生與家長一同來參加。同時，得獎的前三名，他們的作品將會在現場被朗讀出來。大衛的作文獲得了第二名，得到了獎金五十美元。校長高聲宣布，大衛走上台，腿在發抖，當他讀著作文時，聲音也在顫抖。

讀完後，聽衆們鼓起掌來。他看見父親擤著鼻涕，母親的臉上滿是淚水。大衛走回自己的座位。

「你也得了過敏症，爸爸。」他試圖開玩笑。

父親點點頭，清清喉嚨，把手搭在他的肩上：「兒子，這是我一生中最驕傲的時刻。」

故事中的大衛，很清楚知道父親的成就讓他以及全家人感到驕傲，能夠和如此偉大的人同爲一家人，是一件與有榮焉的事。但是，大衛卻也因爲父親像是一道巨大且超越不了的高牆，因而感到自卑落寞。

他很希望自己不是一個什麼都比不過父親的人，即使只能成爲一日英雄，對他來說都是一種迫切需要的情緒舒緩。

沒有人喜歡技不如人的感覺，沒有人喜歡輸的感覺，競爭與超越是人類的本能。但是，當競爭對象是自己重視且在乎的人，矛盾將因此產生。

所幸，大衛找到一個出口，他利用文字和筆，爲自己成功爭取了一次光榮時刻，也讓他的父親爲他感到驕傲。

卡內基說得精闢，他說：「儘管你處心積慮地模仿別人，亦將一無所得。因為你是一個『新人』，過去的世界上絕沒有一個和你一模一樣的人，即使翻遍所有的歷史，也不可能發現和你完全相同的人。」

我們要做的，不是想方設法讓自己變成和某人一樣的人，而是找出自己的特質與特長，塑造出專屬的獨特魅力。

看重自己，就沒有人可以小看你

一個看重自己的人，必然會蓄積足以為他人看重的能量；一旦這些能量發散出來，那份光彩必將換來應得的尊重。

不管是任何一個企業或任何一個單位，領頭決策者自然極爲重要，但是，每一個環節裡的每一個小螺絲釘，也都是一樣重要。

試想，一部只有引擎、沒有車輪的汽車，如何開動？有了車輪卻無運轉順暢的軸承，車輪也無法依引擎的功率跑動。甚至，只要少了幾個螺絲釘，就可能導致汽車在高速行駛下發生意外。

詹姆斯的兒子正在和鄰居的小孩們說話，他們在談父親們的工作。

有的人說：「我爸爸是公司經理。」

有的人說：「我爸爸是議員。」

問著問著，問到詹姆斯的兒子鮑伯。鮑伯有點不自在，吶吶地說：「他是一個和工作奮鬥的人。」

相較於其他小孩的父親們位居津要，詹姆斯的工作顯得低微許多，他是一名工廠的作業員，也就是一般所謂的藍領階級。

小孩們的對話被詹姆斯的妻子聽見了，當孩子們被各自的母親叫回家吃飯時，詹姆斯的妻子也把鮑伯叫進廚房。

她對兒子說：「鮑伯，你說你父親只是一個與工作奮鬥的人，這一點，你沒有說錯。但是，我希望你了解，這並不是一件讓人丟臉的事。如果沒有你爸爸辛苦工作、賺錢養家，我們也不能過這麼平穩的生活。」

鮑伯點點頭表示自己明白，於是詹姆斯的妻子繼續說了下去，她說：「每一個工作場所裡，只有大老闆、只有高級官員、只有高級幕僚，是不行的。不管是商店、賣場、工廠，沒有人去執行繁重的基層工作的話，是沒有辦法讓每一個單位順利運轉的。一棟房子要蓋得漂亮、住起來舒適，只有建築設計師是做不到的，還得有技術高明的木工、泥水匠相互配合才能完成。所以，最偉大的工作者，不是位居上位的人，而是底下盡力付出完成自己任務的每一位員工。這一點，你要記得。你的父親一向認眞盡責於自己的工作，我們應該要爲他感到自豪、驕傲。」

詹姆斯這時正好走進廚房裡，聽到妻子說的話，感動萬分。兒子鮑伯見他回家，飛也似地撲到他身上說：「爸爸，我知道，你是最偉大的工作者。」

每個企業、每家公司裡的成員都一樣重要。執行長很重要，銷售經理很重要，工廠廠長很重要，財務部門很重要，難道工廠裡的作業員就不重要嗎？一個運作順暢的團隊裡，是不會有多餘的人存在的。因爲有每一份子在每一個環節裡發揮最大的功能，才能共同創造出高產能。

故事裡，詹姆斯的妻子要兒子明白的，就是這個道理。

《智慧書》的作者葛拉西安曾經如此寫道：「不是每個人都能擔任國王。但不論你所處的階層或條件，你的言行舉止應當與王者看齊；無論做什麼，你都應當具有王者風範，要有崇高的行動和心靈。」

這番話提醒我們創造自己的價值，看重自己的價值，當我們深深確信自己是個有價值的人，我們就能夠展現出更高的價值。

不要爲了眼前的工作或職位自卑，只要你看重自己，就沒有人可以小看你。一個看重自己的人，必然會蓄積足以讓他人看重的能量；一旦這些能量發散出來，那份光彩必將換來應得的尊重。

美麗的包裝不是成功的保障

俄羅斯作家格拉寧說：「虛偽不可能創造出任何東西，因為虛偽本身什麼也不是。」

有人說，美麗的外表就像是最好的推薦信。

但是，美麗並不是成功的保障，就算你擁有了這封推薦信，如果沒有其他才華，也不代表你一定會被錄用。即使僥倖被錄用了，也不能保證會被重用，充其量只能當個裝飾用的「花瓶」。

古時候，天上的飛禽和地上的走獸爆發了激烈的爭鬥，由於飛禽沒有優秀的領導者，以致死傷慘重。

有一天，小黃鸝鳥提出建議：「我們應該推選一位勇敢的國王來領導大家，誰是鳥類中最英勇的，我們就選牠出來當國王！」

鳥兒們都贊成這個提議，這時候，一直很想做飛禽之王的孔雀連忙搶先開口：「各位，不如就選我吧！你們看，我的羽毛是所有鳥類中最美麗的！」說著，孔雀立刻把牠那美麗的尾巴展開炫耀。

鸚鵡首先附和說：「對，能有這麼漂亮的國王，的確是很讓人驕傲的一件事，我們就推選孔雀做為我們的國王吧！」

但是，麻雀卻不以為然地提出反駁：「不錯，孔雀是非常美麗，但是，像我們這麼弱小的動物遭到侵襲時，牠有什麼能力來保護我們呢？與其選一個美麗的國王，不如選一個能在危險時挺身拯救我們的國王吧！」

眾鳥聽了麻雀的話，全都點頭贊成，經過投票，最後大家選出強悍的老鷹來當百鳥之王。

俄羅斯作家格拉寧說：「虛偽不可能創造出任何東西，因為虛偽本身什麼也不是。」

如果你以爲虛有其表就能矇騙過關，那表示你一直都身處在看不到未來的位置。沒有人不希望晉升，沒有人不希望有一個可以預見的未來，但是在你眺望遠景的時候，別想利用表面包裝來得到成功。

如果你希望能功成名就，那麼就得不斷提昇自己的內涵和能力，那才是你成功的唯一保障。

生命的價值來自心靈的成長

我們的性格，是否比以前溫順、和藹、慈悲些？是否更能體諒他人？是否比較不容易被激怒？是否更富於同情心？

好高騖遠、見異思遷，見到虛僞醜陋的一面就感到憤怒失望的人，是很少會快樂的。

這些人的心靈往往被緊湊的活動緊緊抓住，但是，和那些愚蠢、麻木不仁的人比起來可要好多了，因爲，愚蠢、麻木不仁的人往往對身邊的事物連看一眼的興趣都沒有。

義大利古詩人但丁快樂嗎？美國的林肯總統快樂嗎？他們不是已經向我們證明，輝煌的生活與快樂之間，並沒有看得見的必然關聯嗎？

所以，哪一個追尋快樂的人找到了快樂呢？假使快樂眞的來到的話，那也只是因爲我們正在做比我們本身價值更重大的事情，只是偶然的出現而已。

假使我們不能用幸福或快樂來衡量人生的價值，那麼我們是否可以用成功來作量尺呢？

如果一個人把人生的目標訂得很低，他當然很容易達到成功。

要知道，平平凡凡的人們，根本沒有什麼遠景可以引導他們，讓他們有所追求。但是，如果一個人把自己的一生繫於一個過於遠大而又不可能的目標中，那這個標準又不適用了。

所以，如果我們不把輕易便可獲得的成就看作成功，並希望自己能實現一個比較不容易達到的目標，那麼這樣的成功果實，才勉強可以算是衡量人生價值的適當標準。

究竟什麼才是你我衡量人生價值的眞正標準呢？

那就是我們本身心靈的成長。

當一年過去了，我們的心靈有多少長進呢？即使置身在泥沼和草芥之中，我們能發掘前所未見的美景嗎？

我們的性格，是否比以前溫順、和藹、慈悲些？是否更能體諒他人？是否比較不容易被激怒？是否更富於同情心？

雖然這些反省有時不免伴隨著痛苦掙扎，但這可以讓我們有更眞切的見識，更明晰的判斷力，也對自己更忠誠。這些更是在飛逝的人生中，眞正的考驗。

在衡量人生價值、追問人生意義的時候，只要我們能根除怠惰，不再懼怕、憎恨、痛苦、自欺，眞正體會到我們活著是爲了愛，因此樂於活下去，這樣的人生才有價值，才有意義！

10.

張開雙手，才能擁抱更多

人是群居的動物，張開手，我們才能擁抱更多，
為彼此營造「雙贏」才能加速他達成目標的時程。

我們都能用自信來創造機會

因為對自己缺乏信心，或對成功充滿疑慮，最後在猶豫與自我否定的氣氛中，促成了對手的成功機會。

出色的創意經常是成功者的致勝關鍵，然而，在這些點子的背後，其實還有一個更重要的組成要素，那正是成功者的自信。

換句話說，能讓目標成功的真正保障，往往不是這個創意思考有多吸引人，而是藏在創意裡，那份自信心散發出來的令人激賞的光芒！

波爾格德是某位石油企業家的兒子，一九一四年中，他從英國回到了美國，接下石油開採的工作，要好好地幫助父親發展石油業。

有一年，奧克拉荷馬州有個石油井要招標，由於參與投標的企業家相當多，其中不乏資本額雄厚的公司，競爭十分激烈，波爾格德此時正巧成立一間石油公司，但一切都剛剛起步，資金方面並不充足。

「我恐怕不是他們的對手，要怎麼辦才好？」波爾格德苦惱地想了半天，最後總算讓他想出了一個點子。

投標當天，波爾格德借了一套相當名貴的衣服，並約了一位在當地十分著名的銀行家，陪他前往投標會場。

到了會場，波爾格德顯得氣度不凡且一副胸有成竹的模樣，再加上身旁那位赫赫有名的銀行家，令在場企業家們都忍不住多看了他好幾眼。

原本躍躍欲試的投標者，看見波爾格德的氣勢如此強盛，個個心中都不禁忐忑不安，再想到他是石油富商的兒子，又有銀行家當參謀，所有人心中竟紛紛響起了這樣一個聲音：「我恐怕標不到了！」

於是，令人意外的景象突然發生，企業家們竟有人開始放棄、離開，即使留下來的人也懶得競價了。

結果，波爾格德只以五百美元的低價，輕易地拿到了開採權，他笑著說：「沒想到竟然能唬過他們！」

四個月後，波爾格德得標的那個油田，開採出極優質的石油原料，他更在這個油田上獲得約三萬美元的利潤。

在巧思經營與眼光獨到的能力下，一九一七年六月，二十三歲的波爾格德就已成爲擁有四十家石油公司的富翁。

因爲看透人們心理的弱點，聰明的波爾格德只用自我包裝的手法，便唬過其他實力雄厚的投資者，這不代表波爾格德行事不夠光明，只是人們對自己太沒自信了。

在競爭激烈的現在社會中，所謂的創意點子或僞裝技巧，只不過是整件事中的一小部份。事實上，這些成功的助力與扭轉結局的關鍵力量正是故事中的其他投標者。最後眞正幫了對手大忙的功臣，其實是他們自己。

他們因爲對自己缺乏信心，或對成功充滿疑慮，最後在猶豫與自我否定的氣氛中，促成了對手的成功機會。

仔細想想，是否發現自己也曾有過這樣的念頭：「看看人家，他一定比我優秀，我一定又要被淘汰了。」

這個念頭出現之後，你便眞的被淘汰了，其中原因並不是對方太強，而是你在賽事還未開始之前就自願放棄了。

看清楚故事中的旨意了嗎？

當然，在我們學會以包裝欺敵之前，別忘了先紮實地建立起你的自信心！

創意在哪裡，商機就在哪裡

在宣傳手法上或實質業務中找出別人所沒有的東西。所謂「別人所沒有的東西」，更簡單地說就是「創意」兩個字！

還記得《征服情海》裡的這句台詞：「Show me the money！」

不論我們站立在什麼樣的工作領域，我們最終期待的目標，正是這一句「Show me the money」，只是我們要怎麼樣才能達到期望的目標呢？

方法就在你的腦袋瓜裡！

因爲市場已經過度飽和，一家新開張的減肥中心自從開幕以來可說是門可羅雀。女老闆每天看著有出無入的帳簿，總是心情煩悶地坐在辦公室裡發呆，苦思突破之道。

午後，她若有所思地站在門口，仔細地看著玻璃門外來來往往的路人，忽然自語著：「要不要結束營業呢？」

就在她絕望地心生放棄的念頭時，忽然，腦海裡躍入了一個念頭，跟著她的雙眸也明亮了起來。

兩個星期之後，在各大報紙與看板上出現了一則廣告：「美媚減肥中心：『胖子進去，瘦子出來！』，在美媚減肥中心的大門口，您絕對看不到胖子走出來，歡迎您來印證，如果您在大門口發現任何胖子的身影，那麼本中心將贈送一萬美元給您。」

這個奇特的廣告十分吸引人，一下子美媚減肥中心的門口聚集了大批的人群，他們果然發現：「眞的都只有瘦子走出來，沒看見一個胖子耶！」

這時人群中有幾個胖嘟嘟的人心想：「我走進去後再馬上出來，看你們還有什麼話好說！」

但是，沒想到這幾個故意找碴的人，最後竟然沒有再從這個大門走出來，而美媚減肥中心便從「胖子進去，瘦子出來」廣告中打響了知名度，詢問減肥的客人也越來越多了。

不過，一定有人十分好奇，爲什麼胖子都走出不這扇大門呢？

原來是聰明的女老闆搞的把戲！她將這片大門改裝成兩個不同的出入口，外表看起來這兩個出入口的大小一樣，事實上出口的內層已加裝了兩根很粗的鋼管，連身材苗條的女子也要側著身才能通過，更別提胖子了。

那胖子們怎麼辦？情況有兩種，有一群人不得已只好從後門出去，但是走後門的時候，幾乎每個人都想著：「什麼，我竟然是胖子，那怎麼行！嗯，我是不是也應該減減肥了呢？」

而另一群人則想都不想，便坐了下來，開始詢問他要如何才能走得出這扇「瘦子之門」。

一點創意巧思，讓公司的業績蒸蒸日上，那些被刺激減肥意願的人，從此便成了美媚減肥中心的見證人，而這扇巧設的「瘦子門」，則成了公司吸引顧客們的重要招牌。

創意是商場上的主帥，一個缺乏創意的團隊，即使聲勢再浩大也不會有多大的建樹和成績！

這就像故事中的減肥中心，因爲同業林立且同質性過高，想要在這個商場中分一杯羹，當然是件非常辛苦的事，除非能讓自己與衆不同，簡單地說，就是在宣傳手法上或實質業務中找出別人所沒有的東西。

所謂「別人所沒有的東西」，更簡單地說就是「創意」兩個字！所幸，女老闆在不服輸的情緒帶動下，找到了一個絕妙的創意點子。她從人們的心理層面去探尋，不僅發現了容易受傷的自尊心，也有了「一根阻礙的鋼管」的發想，她的業績也從這一根鋼管中無限地延伸。

張開雙手，才能擁抱更多

人是群居的動物，張開手，我們才能擁抱更多，為彼此營造「雙贏」才能加速他達成目標的時程。

懂得分享利益，別人自然也願意與你共享利益！

只要捨棄單打獨鬥的私心，學會與人攜手合作，不僅能爲彼此創造雙贏之局，一旦遇上風險，也必定有人願意與你分擔。

思路敏捷且行動果決的圖德拉，一直很想從事石油方面的生意。儘管資金和

油界關係皆缺，他卻懂得緊握住命運之帆，雖然迂迴前進，但最終仍然到達了目的地。

圖德拉來到阿根廷時正巧發現，阿根廷牛肉出現生產過剩的情況，而石油原料方面的產品確十分缺乏。

於是，眼光獨具的圖德拉，立即向當地的貿易商洽談：「您好，我想向貴公司購買約二千萬美元的牛肉，不過，我要附帶一項條件，那便是你們也要向我購買二千萬美元的石油原料。」

貿易商連忙點頭，說：「好！」

其實，他們之所以答應的這麼爽快，是因爲阿根廷正好需要約二千萬美元的石油原料量，聰明的圖德拉便投其所好，想出了這個以物易物的方法，這不僅解決了他的資金問題，也讓他的石油事業邁出了第一步。

接著，他經過一番考察後，向西班牙某間造船廠提議：「我想向您訂購一艘約二千萬美元的油輪，但要附帶一項條件，便是你要向我購買價值二千萬美元的阿根廷牛肉。」

西班牙的造船商聽見圖德拉的建議，立即點頭答應。

原來，該公司已經好久沒有接到訂單了，如今圖德拉向他們下訂單，並且要以最受西班牙人喜愛的阿根廷牛肉來交易，當然願意了，因爲再多的阿根廷牛肉也販售得出去。

油輪完成後，圖德拉找到了一間中東的石油公司，並向他們洽談：「我想訂購約二千萬美元價值的丁烷。」

石油公司聽見有大筆生意可做，不僅立即答應，更同意與圖德拉開設的油輪公司合作，他們租用圖德拉的油輪運送原油至指定的地方，從此雙方簽訂了長期合作契約。

圖德拉不僅讓阿根廷、西班牙與中東油商各取所需，並在這相同的交易方式中完成了三筆生意，之後，他也很快地便獲得了實質的利潤。

終於，他實現了自己多年來的夢想，成了一名成功的油商。

單打獨鬥是件很辛苦的事，所以，聰明的圖德拉選擇了聯合的方式，與其他公司分享市場的需求。

爲了達成自己的夢想，他先幫預定的合作伙伴找到市場，然後再尋求自己需求。因爲他多做了一步替別人著想的功課，每一個新建立的合作關係總是能一拍即合。

我們都知道，每一件事都有許多路可以走，每一個處事的方法也可以有不同的延伸。只是，願意走向人多的地方去，還是堅持要孤軍奮鬥，最後的決定權仍然操之在你我。至於擔心結成的果實會分配不足的人，別忘了一件事，利益獨佔的另一面暗藏著極高的風險。

人是群居的動物，張開雙手，我們才能擁抱更多。圖德拉知道，爲彼此營造「雙贏」才能加速他達成目標的時程，這不僅讓他在商場上串起了綿密的人際關係，也穩固了他的夢想目標。

這些都是攜手合作的好處，仍然一個人辛苦戰鬥的朋友，你是否也有了重新評估、改變戰鬥方法的念頭呢？

待人接物要懂得靈活變通

雖然我們每天要面對的事情很多，但總離不開待人接物，只要能學會圓融的處世態度與方法，再麻煩的事都一定能輕鬆解決。

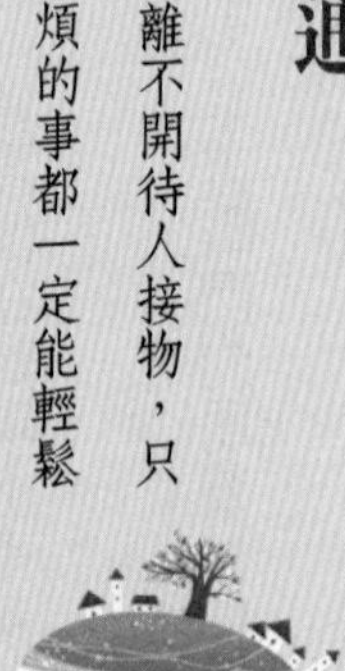

想圓融處世，獲得最後的成功並不難，難的是你不願打開心扉與人溝通。

所以，達賴喇嘛這麼說：「人與人之間的重重藩籬，問題不在別人而是自己，因為這個藩籬是我們自己建的！」

曉亞在朋友的介紹下，來到一間皮鞋店工作，只是上班的第一天，她便碰上

了一個非常挑剔的客人。

這位穿著十分摩登的女孩，皮鞋穿過一雙又一雙，卻始終都不滿意，耐心的曉亞則一直都帶著親切的笑容，未露一點慍色。

這會兒她拿來了一雙十分新潮的皮鞋，女孩穿上鞋子時，曉亞立即誇讚說：「小姐，這款式很適合妳喔！妳看，穿在妳的腳上多麼漂亮啊！」

女孩側著身，仔細地看著鏡裡的自己，接著滿意地說：「好，這雙鞋我買了，多少錢？」

「三百八十元。」曉亞親切地說。

女孩面孔依然冷冷的，然而就在她打開錢包時，眉心突然一皺：「糟了，我的錢不夠耶！我這裡只有二百五十元，這樣吧！我先付二百五十元，明天再把其他的拿來給妳，好嗎？」

曉亞一聽，連忙點頭說：「好！」

接著，她拿出了單據，上面寫下了：「鞋一雙，已付二百五十元，尚欠一百三十元整。」

「麻煩您簽名一下！」曉亞將收據拿給了女孩簽名。

女孩先是一愣，接著則爽快地簽下了「施娜」二個字。

曉亞接著便將已包裝好的鞋子拿給女孩。

這一切正巧被老闆看見了，他關心地走過來問曉亞：「那個人是妳朋友嗎？」

曉亞搖了搖頭：「不是，我不認識她。」

老闆一聽，臉上立即滿佈怒火：「那妳怎麼可以讓她賒帳呢？妳確定她還會來付錢嗎？」

沒想到曉亞竟笑著說：「會！因爲，那盒子裡裝的都左腳，所以她明天一定會回來換鞋！」

老闆聽見曉亞的妙計，忍不住豎起了大拇指：「聰明！」

不論是ＩＱ或是ＥＱ，曉亞都表現得十分精采，面對顧客的挑剔，仍能耐心接受並且微笑以對的服務態度，當然能擄獲消費者的心。

雖然最後被別有居心的顧客擺了一道，但機智的曉亞仍然牢牢地將主控權抓在手中，反將了客人一軍。

在待人處事上，我們是否也能像曉亞一般，不論遇見什麼樣的狀況，皆能把握主導權，並能圓融且輕鬆地解決呢？

因爲人與人之間的關聯與糾結，不管問題多麼簡單，我們都經常深陷在人事的困擾中，也讓原本簡單的事件變得越來越複雜。

所以，別輕忽了待人接物的重要性。

它看似簡單，事實上卻是我們一生中是最困難的課題，許多人走過了大半人生，都還不一定能拍胸脯保證：「我從來都沒有得罪過人！」

不想得罪人，就讓生活多轉幾個彎吧！在轉彎時，別忘了讓自己在這些個彎角透一透氣，雖然我們每天要面對的事情很多，但總離不開待人接物，只要能學會圓融的處世態度與方法，再麻煩的事都一定能輕鬆解決。

事物的眞正價值往往藏在另一面

身邊一切人事物的價值，不是任何人可以輕易地否定的，因為最後的價值議定，終歸屬於真正懂得價值的人。

沒有深入探究，我們很難評定眼前的商品到底價值多少。

價值不是看表面就能決定的，也不是聽別人怎麼說，便能夠確定。沒有深入研究，我們很難發現事物的眞正價值，光看表面，我們可能會忽略，也會有受騙的可能。

薩拉是位非常成功的女商人，關於她賣出自己的第一間房子的經過，至今仍經常被人們提及。

當初，她跟所有的屋主一樣，在出售房屋前，先將房屋重新粉刷，接著便全權委託房屋仲介業去處理。

但是，過了好長一段時間，都沒有人能接受薩拉開出的售價，銷售能力不佳的代理人便開始向薩拉施壓，要求她將房價降低，以利脫手。

但是，薩拉堅決不肯讓步，於是房屋仲介者一個換過了一個。

後來，薩拉決定再回去檢查自己的房屋，心想：「我是不是遺漏了什麼地方？不然，他們怎麼都無法接受這個價錢？」

站在空無一物的屋裡，她經過一番仔細地勘察，最後只發現：「這間房子多麼新啊！這個價格怎麼算都很合理啊！」

忽然，薩拉的腦中閃過了一個靈感：「是的，這間房子眞的很好，以前的朋友們都十分稱讚那時窗口的花草與牆上的裝飾，他們對這房屋裡的一切無不評價極高！是的，它的好正是因爲那些東西！」

於是，爲了重現屋子的眞正價値，薩拉決定重現往日屋裡的一切，先是訂了些工藝品與家具，接著又買了許多植物，一共花了兩天的時間讓房屋重現往日的美好。

就在一切都重新整理過後，不到三天的時間，這間屋子便以高於市價百分之十以上的價格輕鬆賣出！

看完了事例，你發現其中的差異嗎？

空屋價之所以比不上經過包裝後的樣品屋，是因爲空屋缺乏一種價値昂貴的組合原料——人與設計！

薩拉投入設計與情感之後，也很自然地提高了房屋的價値，因爲人們感受到設計蘊含的情意，最後售出的價格超出預期。

從中，我們也領悟出一件事，一切人事物的價値，不是別人說了就算，也不是任何人可以輕易地否定的，最後的價値議定，終歸屬於眞正懂得價値的人。

也許，這個知音需要時間等待，但無論等待多久，物件本身的眞正價值永遠都不會消退。

眞正價值往往藏在物件看不到的另一面，那就像我們熟知的「伯樂」與「千里馬」之間的關係。

我們除了要學會增值自己之外，更要懂得發現價值的眞相，如此才能眞正地把握住人們尚未發現的無價寶藏。

「殺雞儆猴」是對付小偷的最好方法

真正的成功者從來都不會錯過生活中的細微處，積極是他們的處世態度，創意是他們的生活方式，靈活是他們的。

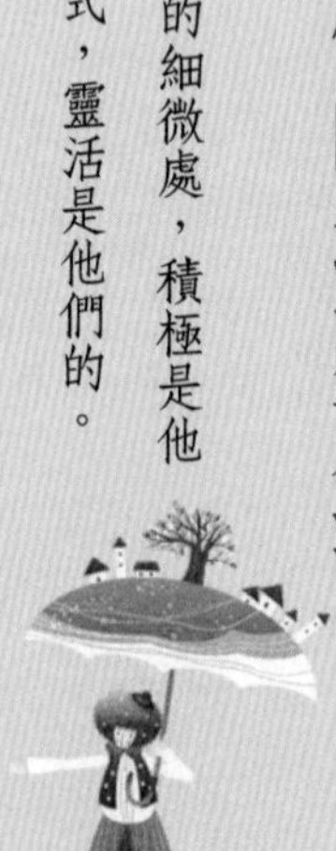

所謂「戲法人人會變，巧妙各有不同」，想在商業社會成功，除了要有獨到的銳利眼光之外，更要有靈活的創意巧思，才能發現新商機。

今天是小週末，位於多倫多市區的這間百貨公司內人潮十分擁擠，每個櫃台都擠滿了人。

這時，男裝部的櫃台前忽然發生騷動，只見兩名警衛用力地壓著一名盜賊，而那個盜賊則使力地掙扎著，並大聲地喊叫著：「我不是小偷！」警衛不理會他的叫喊聲，圍觀的群眾們還來不及了解發生了什麼事，「小偷」便被警衛們一路拖回到辦公室裡。

然而，當房門關上後，警衛卻立即將小偷放開，接著還拍了拍他的肩膀說：「好了，半個小時後，我們再在文具部的櫃台前表演一次。」

你是否也看得一頭霧水呢？

其實，這是一齣假的「警察捉小偷」戲碼，專門演給顧客們看的，這名小偷還是從一間「租賊公司」訓練出來的演員呢！

只是，爲什麼會有租賊公司呢？這間公司的老闆又是怎麼樣一個人呢？

據說，這間租賊公司的老闆名叫寇亨，現年三十歲，是個智慧超群而且精明過人的商人。

曾經有人問他，爲什麼要辦這樣奇怪的公司時，他笑著回答：「這個世界原本就什麼都有了，而且到處也都是些千奇百怪的經營方式或目標，我這也沒什麼奇怪的。當初我是這麼想，百貨公司等人潮多的地方，扒手一向很多，即使再多的保全人員或管理人員，還是無法防範。」

「所以，我就想出了一個點子，如果可以讓警衛當場抓到小偷，一定能達到殺雞儆猴的效果。只要讓眞的小偷看見有人被抓了，那麼他們心中一定會產生恐懼，自然而然也會削弱他們偷竊的念頭。雖然假小偷變多了，但事實上眞小偷卻不知不覺中慢慢減少了。」

朋友們一聽，無不拍手稱妙！

寇亨的公司開張後，業績便不斷地創新高，因爲事實證明，殺雞儆猴的效果十分顯著，果眞讓竊盜率降低了不少。

看著寇亨發現的商機，可說是一舉數得。在降低百貨公司失竊率的同時，他不僅爲自己賺進了不少財富，還爲演員們創造了另一片表演天空。

雖然成功和失敗往往只有一步之差，但在跨出步伐前，我們要給自己一個正確的態度：「努力累積你的生活腳步，如果你不想永遠晚人家一步，更不希望計劃一直停滯，積極培養銳利的眼光是當務之急，培養靈活的思考則是我們當下第一要務。」

延伸「殺雞儆猴」的經營概念，我們也看見了故事裡的旨意，眞正的成功者從來都不會錯過生活中的細微處，更不會讓自己的思路停滯。

因爲，積極是他們的處世態度，創意是他們的生活方式，靈活是他們的思考技巧，因此他們能發現別人從未發現的機會，達到別人無法達到的目標。

誠實是捉住顧客心的不二法門

面對童叟無欺的人，消費者不僅能感到購物時的安全感，更能放心且快樂消費，讓逛街購物真正地成為生活中的一種享受。

有人說：「要把顧客視爲上帝，要能誠實無欺地做生意，然後你的財富才會積極地累積出來。」

想要捉住消費者的心，除了誠實以對之外，再也沒有更好的經營辦法了。

五年前，瑪沙與友人到紐約旅行時，曾在一間百貨公司的專櫃買鞋，就在那

一次購物經驗後，瑪沙從此愛上了紐約買鞋之旅！

一家精品鞋店的櫥窗玻璃上，正貼著：「零碼鞋超值特價，一折限量販售！」眼尖的瑪沙也一眼便相中一雙暗紅的高跟鞋子。只見她彎下腰，拿起那雙鞋子仔細看了看，忽然向友人驚呼：「原價七十美元，現在只要七塊美元而已耶！你看，這雙鞋的皮質多麼軟，真是太棒了！你看，很襯我這一身紅色洋裝吧！」

「的確，看起來就像是一整套的服飾。」友人也不禁讚美道。

瑪沙一聽，立即開心地招來服務小姐。她笑瞇瞇地來到瑪沙身邊，親切地問：

「您好，您喜歡這雙鞋啊！嗯，挺配您今天穿的紅色洋裝呢！」

「不過，能不能再讓我仔細看一下！」服務小姐像是有但書似的，這令瑪沙臉色有些變了。

瑪沙不悅地問：「有什麼問題嗎？該不會這雙沒有折扣吧！」

服務小姐微笑著說：「不是的，我只是想要確認一下，它們是不是我想的那兩隻鞋。」

「兩隻鞋？什麼兩隻？這不是一雙的嗎？」瑪沙不解地問。

服務小姐仍然滿臉笑容地解釋著：「這的確是那兩隻鞋！小姐，不好意思，我必須先向您報告一下，請到這邊坐，讓我清楚地向您解說一下。」

這位誠實的小姐領著瑪沙來到人比較少的地方，接著對她說明：「因爲您十分喜歡這雙鞋子，所以我一定要向您說明一下，其實這是『兩隻』不同的鞋組成的。」

「是嗎？」瑪沙還是沒有看出來。

小姐微笑地說：「它們尺寸幾乎一模一樣，顏色和款式也一樣，但是只要您仔細看一看，就會發現其中還是有些色差，尺寸也有微調上的差異。那是因爲之前的店員和顧客弄錯了，各拿一隻鞋走，也各留一隻鞋下來，所幸正巧留下了左右各一隻，正巧可以湊成一對。」

「是嗎？」瑪沙明白地說，接著她再次將鞋拿起來，仔細地看了又看。

「關於這點我們必須先向您說明，以避免事後您發現了，造成購物情緒不悅，如果您現在了解情況後決定不買，您可以再看看其他的鞋子。」

瑪沙看著朋友，接著便微笑著說：「沒關係，又看不出來，因爲我眞的很喜

歡它，更喜歡你們的誠實。」

瑪沙開心地穿起了這雙鞋後，接著又買了另外兩雙新款式的鞋子，然後便開心地離開了。

這雙獨一無二的鞋，如今仍舊是她的最愛，每當朋友們讚美這雙鞋時，瑪沙總是要不厭其煩地講述那段動人的故事。不過，這也留下了一個後遺症，瑪沙從此只要一想到買鞋，就非得要花三個小時的車程，來到紐約那間百貨公司的鞋店去買鞋。

因爲一份眞誠的心，也因爲誠實無欺的堅持，讓瑪沙與女店員不自覺地建立起信任的友誼。

對瑪沙來說，在多數只想掏空消費者皮夾的商家中，竟能遇見這樣誠實坦白的店員，當然如獲至寶，那不僅讓女店員在推銷時多了品質保證的形象，更讓瑪沙購物時有著完全信任的依靠。

仔細回想一下，面對笑臉盈盈、服務親切且態度誠懇的店員時，你是否也會忍不住多買好幾樣物品呢？如果換做是你，你是否也願意千里迢迢地跑到遠方購物呢？

相信你一定願意的，因爲這是一個十分簡單的消費心理，面對童叟無欺的人，消費者不僅能感到購物時的安全感，更能放心且快樂消費，讓逛街購物眞正地成爲生活中的一種享受。

同理可證，無論我們在什麼樣的工作領域中，都要謹記，誠實是建立個人信用的重要方法，誠懇的態度則是讓顧客們再度光臨的重要依據。

把每一次機會都視爲全新的開始

把人生中的每一次都視為唯一的一次，然後我們才能在下一次相同的機會中發現新的契機，彌補上一次的不足之處。

爲什麼有人的生活總是一成不變，爲什麼有人總是在相同的問題上一再重蹈覆轍？因爲，他們總是把上一次的經驗視爲唯一的參考根據，因爲他們害怕改變，習慣將第一次經驗視爲生活的唯一依據。

於是，他們由於輕忽而重犯相同的錯誤，也因爲受限於第一次經驗的先入爲主觀念，讓生活經常陷於一成不變之中。

有位日本商人邀請了一位猶太畫家到餐廳吃飯，兩個人在坐定之後，畫家隨手便拿出了畫筆與畫紙出來，乘著點菜與等著上菜的空檔，替坐在商人身邊的女主人畫張速描。

不一會兒工夫，速描便完成了，畫家恭敬地將圖畫遞給日本商人看。只見日本商人驚呼著「太像了」，女主人看了之後也驚呼道：「好傳神啊！您實在太厲害了！」

聽見友人如此讚美，猶太畫家這會兒轉身面對商人，接著又讓畫筆在紙張上動了起來。不過，這一次，他偶爾會舉起大拇指來比對目標物，這個動作也讓商人更加確定他一定在幫自己畫速描！

商人看不見畫家的圖畫，卻又不敢問畫家他的坐姿或姿勢擺放的意見，怕會破壞他的創作靈感，因此一動也不敢動地僵坐在位子上，約莫十幾分鐘。

忽然，畫家吐了口氣說：「好了！」

一聽見畫家說圖畫完成了，商人連忙湊過去看。

但是，這個畫作卻令商人非常不悅，因爲畫家根本不是拿他當對象，竟然是以他自己的手拇指爲創作目標。

日本商人有些惱怒地說：「你不是要畫我嗎？害我的姿勢擺了那麼久，一動都不敢動，你是故意捉弄我啊！」

猶太畫家卻笑著說：「我沒有啊！我還以爲你很聰明呢！你做生意不是非常精明嗎？其實，我剛剛是故意要考你的，你也不問問我在畫什麼，就莫名地認定我是在畫你，還把姿勢擺了那麼久。呵！從這點來看，你想和猶太商人相比恐怕還有段距離呢！」

日本商人一聽，這才明白自己的問題所在：「以爲有了第一次，就一定會有第二次，但事實上，上一次的成功不代表這一次就一定沒有問題！」

而猶太人經商的概念是：把每一次經歷都視爲第一次！

十分懂得經商之道的猶太商人把每一次都當作是第一次，因而每一次都被視爲唯一。每個機會他們都會緊緊把握，不會被上一次的成功經驗影響，而出現任何鬆懈的態度。

其實，這也是避免先入爲主的重要方法，即使再熟識的合作伙伴，他們也不會因而輕忽鬆懈，反而會更加嚴謹地交流溝通，讓每一次合作機會都能眞正達到合作無間的伙伴關係。

換個角度思考，第一次經驗並不一定是第二次經歷時唯一的參考，因爲時空與人事的不同，相同的事物在第二次遇見時多少都會有改變，我們則必須視當下的狀況做出不同因應。

把人生中的每一次都視爲唯一的一次，我們才能在下一次相同的機會中發現新的契機，彌補上一次的不足之處。如此一來，不論遇見了什麼樣的機會都不會錯過，更會因爲堅持與謹愼而屢創佳績呢！

千江月 編著

改變情緒，就能改變自己

不用情緒解決問題，才能化阻力為助力

Can't solve the Problem while being angry

俄國文豪托爾斯泰曾說：**「憤怒或許對別人有害，但是，憤怒時受傷最深的其實是你自己。」**
負面情緒無法改變你的處境，只會讓你喪失理性與冷靜。人要學會放下負面情緒，在失意、挫折中改變自己，唯有放下憤怒、怨懟、忌恨……等等心理，控制自己的負面情緒，人生才可能豁然開朗。

別讓現在的你，對不起將來的自己

作　　者　文蔚然
社　　長　陳維都
藝術總監　黃聖文
編輯總監　王　凌
出 版 者　普天出版家族有限公司
新北市汐止區忠二街 6 巷 15 號
TEL / (02) 26435033 (代表號)
FAX / (02) 26486465
E-mail：asia.books@msa.hinet.net
http://www.popu.com.tw/
郵政劃撥 19091443 陳維都帳戶
總 經 銷　旭昇圖書有限公司
新北市中和區中山路二段 352 號 2F
TEL / (02) 22451480 (代表號)
FAX / (02) 22451479
E-mail：s1686688@ms31.hinet.net
法律顧問　西華律師事務所・黃憲男律師
電腦排版　巨新電腦排版有限公司
印製裝訂　久裕印刷事業有限公司
出 版 日　2021 (民 110) 年 4 月第 1 版
I S B N◎978-986-389-767-5　條碼 9789863897675

國家圖書館出版品預行編目資料

別讓現在的你，對不起將來的自己／
文蔚然著.—第 1 版.—：新北市,普天出版
民 110.4 面； 公分. - (生活良品；27)
I S B N◎978-986-389-767-5 (平裝)

生活良品

27